岡宏子と考える
保育の科学

……………………………理論と現場の循環のために

発達臨床研究会
保育士心の発達研究会
共編

THE SCIENCE OF CHILD CARE

……………………………新曜社

装帧——难波园子

はじめに

　本書は全体を2部の構成にして，第1部には，故岡宏子の保育士に向けての講義を収めました。第2部はいわばそれの実践編で，保育現場に科学的見方を取り入れるための保育士と研究者による試験的な試みを，現場で活動する保育士と幼稚園教諭，保育士を目指す人々，および発達心理学を学ぶ人々の役に立つことを願いながら紹介するものです。

　岡は大学修了後50年，子どもの育成を担う保育士に力強いメッセージを送りつづけ，とくに1975年から13年間，連続講義を行いました。この第1部に掲載したのはその最終回，1988年冬に行われた5回の講義の録音を書き起したものです。

　その1，2回のなかで岡は，人は本来独自の偏りをもって成長するが，現代の子どもにはそれとは異なる，放ってはおけない歪みをもつものが増え，それが人との関わりに問題をひき起こし，今日の社会問題につながると警鐘を鳴らしています。3回では子どもを取り巻く環境の意味，とくに「人」環境の重大さに触れ，4回では保育の作用を考えるとき，与える刺激の効果の複雑性を考え，子どもを見る枠組みを柔軟に変えなければならないことを説いています。5回で園児の低年齢化によって赤ん坊を人にしていくという重大な仕事が保育園に課せられること，小学校には子どもの発達の個性を，親には発達の意味を理解させる教育センターの役割を保育園は担うべきこと，これらを豊富な例，興味深い語り口で述べています。

　第2部は岡が講義のなかで提起した，現代の歪みをもつ子どもたちに科学の光をあて，現実の人間を取りこぼすことなく，その歪みを修正する方途を探るための，役にたつ心理学の実践です。これは現場の保育士と研究者の目が協働して進めた研究であり，子どもに働きかける熟練した保育士の名人芸を法則化したものです。読者はこの研究をなぞる形で今抱えている特定の子どもを客観的に考察し，読み進むうちに対処の仕方のヒントを得るでしょう。保育士を目指して勉強している保育科の学生は現場に出る前に先行経験として実習時などに応用ができます。要所要所にチェックポイントを設けたことも理解を深める上で助けになるでしょう。さらにまた発達心理を学ぶ

心理学科の学生には，生きた人間をとらえるために何が必要で，そのためにどのような研究方法をとるべきかを探るための示唆となるでしょう。

　岡宏子は，人の発達過程の研究を生涯かけて続けるなかで，人をこぼさぬ心理学の方法は現場の目と研究者の目を循環させることをおいてないと確信しました。日頃知り尽くした環境を背景に，毎日子どもと接して保育する経験ある保育士の目が，ある子どもをおかしいととらえ，必要な配慮をする，それは熟練した者のみがもつ名人芸であり，ある日ある時間に観察，実験する心理学者には及びもつかない確かさをもっている，しかしその目は，心理学のなかに持ち込まれることはなく，そこから行動の歪みの法則性を確立することもむずかしい，研究者と現場の目とが循環して初めて初心者にも理解でき，現実に使える法則ができる，岡はそう信じました。その後連続講義を聴講したもののなかから20数名の保育士が研究協力を申し出ました。保育士心の発達研究会はこうして生まれました。一方岡は1951年から1986年まで聖心女子大学で教鞭をとり，同学に心理学科を創設しました。岡を中心にここの卒業生が集まって出来たのが発達臨床研究会で，岡はこのメンバーと共に学会発表を続けました。岡は長い期間をかけてこの両者を合体させました。

　今でこそ「フィールド，現場」はいろいろの分野で使われるキーワードになっていますが，岡の企画した頃，そこに目をとめる人はほとんどいませんでした。子どもをよく知っている現場の人を巻き込んだ研究が生まれなければいけないとわかっていても，研究にまでまきこめる現場人の心と目をとらえることは容易なことではありません。現場を愛し，子どもを愛し，保育士を育てることに終生力を注いだ岡の人間性がそれを可能にしました。この研究は10年続き，まとめの段階に入った時，岡はこの世を去りましたが，岡に育てられた保育士と研究者はその遺志を継ぎ，歩みを続けたのです。

　ここに来るまでにいろいろの方々のお世話になりました。岡邦俊氏は第1部の掲載を快くお許し下さいました。財団法人成長科学協会からは2年にわたり研究助成金を頂きました。新曜社社主，堀江洪氏は出版の機会を与えてくださり，編集の実務には鷲北繁房氏が当たってくださいました。ここで厚く御礼申しあげます。また研究に協力してくれた子どもたち，本当にありがとう，私たちはあなたたちの協力のおかげで沢山の勉強をすることができました。あなたたちと，後に続く子どもたちが健やかに成長することを，感謝をこめて祈ります。

　2001年6月

発達臨床研究会　大野澄子

『岡宏子と考える保育の科学──理論と現場の循環のために』

◉目次

はじめに

第1部　岡宏子の講義──保育士のために

第1回　総論──歪みと偏りとしての発達……3

「歪み」と「偏り」としての発達
全5回の構成と内容
発達はデコボコである──発話の例から
私はどのように育てられたか──1
性差と発達
発達としての歪みと発達阻害としての歪み
保育士も発達する

第2回　現代の子どもの問題……25

生涯のなかの保育
目の輝きはどこから生まれるか
近感から遠感へ
体験が脳を活性化する
私はどのように育てられたか──2
しつけをどう考えるか
考える体制づくり
相手の痛みが分かるとは
家族に代わる保育の機能

第3回　子どもたちが育つ環境……53

都市化のなかの乳幼児
自然環境と子ども
「海と太陽と子供達」
環境と子どもをつなぐ人
遺伝と環境の相互作用
「人」環境の行動学
私の生育環境
環境と育てる作用

第4回　育てる作用とは何か……82

育てる作用とは何か
子どもは育てる作用をどう受けとめるか
ダニ，ヒト，チンパンジー
保育者のあける穴

　　　　　穴のあけ方を変える
　　　　　因果関係は単純ではない
　　　　　保育者の育てる作用，関わる作用
　第5回　保育とは何か……………………………………110
　　　　　意欲を育てる作用とは
　　　　　保育の意味を変えた0歳保育
　　　　　関わりをどう拡散させてゆくか
　　　　　子どもを駆りたてないこと
　　　　　意欲を削る代行機能
　　　　　個人差を読む
　　　　　保育所と児童福祉

第2部　人との関わりに歪みをもつ子どもと出会ったとき

　はじめに──歪みとは何でしょう
　1章　人とうまく関われない子どもに目を向けましょう………………139
　　　　　1-1　資料の作成
　　　　　1-2　作成した資料を読む
　2章　子どもを取り巻く環境に目を向けましょう……………………160
　　　　　2-1　養育態度
　　　　　2-2　家庭環境
　　　　　2-3　母親の性格特性
　　　　　2-4　子どもに対する母親や家族の感情的側面
　3章　歪み行動の変容をみましょう……………………………170
　　　　　3-1　変容の実態
　　　　　3-2　行動の変容過程のまとめ
　4章　記録について考えましょう──新しい記録紙への取り組み……………184
　　　　　4-1　新しく考案された記録紙
　　　　　4-2　記入上の注意
　おわりに──十余年にわたる研究に参加して…………………………194
　　　　　1　保育制度上の変化
　　　　　2　今，子どもたちは
　　　　　3　今，家庭は
　　　　　4　おわりにあたって

第1部
岡宏子の講義──保育士のために

＊＊＊

岡宏子　略歴

1917年	佐賀県にて出生
1938年	東京文理科大学心理学専攻選科に入学
1949年	同学全科の研究修了
1948年	東京都立高等保母学院講師
1951〜1955年	聖心女子大学文学部助教授
1955〜1986年	聖心女子大学教授
1986年	聖心女子大学名誉教授
1990〜1998年	大学セミナー・ハウス館長
1998年	没

　岡は，幼児の描画の発達過程，乳児の睡眠・覚醒行動の発達過程，言語化過程などの分析を経て1977年以降は特に母子相互関係，関わりの発達と歪みに関する研究に力を注ぎました。日本心理学会，日本教育心理学会に所属し，日本教育心理学会では常任編集委員，理事として活躍，名誉会員に選ばれました。岡の興味と活動は心理学者の領域をはるかに越え，文部省，文化庁，厚生省等の各種委員を歴任し，テレビ・ラジオ出演，優秀映画の選考，シンポジウム，講演会の開催等その活躍は枚挙にいとまがありません。晩年の大学セミナー・ハウス館長としての働きも，セミナーの企画からパートで働く人々への配慮に至るまで英知と人間性にあふれるものがありました。

＊＊＊

第1回
総論――歪みと偏りとしての発達

　この連続講演は初め1年に5回で始まりまして，ずいぶん長く5回が続いたのでございますが，そのうち忙しくなったからと，3回で勘弁していただくようになりました。今年は最後になるので，私も5回，思う存分お話をしたいと思っているのでございます。でもこれで保母さん方との縁が切れるわけではございませんし，また皆様方からいろいろ言われるだろうと思いますから，連続講座ということではなく，何かのときに1回きりという形での話をすることは考えないわけではございません。ただこの形での講座はおしまいにいたしますので，最後の5回ということでお話させていただきます。そこで今回は，生涯教育のなかの保育を考えてみたいと，これは私の方から提供したテーマでございます。

「歪み」と「偏り」としての発達

　私はずっと人の発達を追求し続けてまいりました。去年出席した方は覚えていてくださると思いますが，発達するということは，そもそも「歪み」「偏り」だと考えたいのです。私たちはともすると，人間が発達するということは，素敵に発達していくことで，歪みもないし，偏りもない，人間としてノーマルな形で発達が行われていくことだと考えがちです。そして何らかの意味で問題をもって皆さんのところへ相談にくる人たち，あるいは皆様方が保育をするなかで出会うある子どもを，「ほかの子は皆こうなのにこの頃そうでない子がいる」という形で捉えるなら，その子たちを，歪んでいるとか，偏っているとか考えることになる。そしてこれを何とかほかの，そ

の他大勢と同じような発達の形にしようとして，苦労するのではないでしょうか。ところが何十年という間，発達をずっと追求し続け，しかもそれを生まの人間から離れることなく考え続けておりますと，この年齢になって私は，発達はどれもこれも歪みであり，偏りであると思うようになったのです。

発達はすべて歪みであり偏りである

　人間を教育するということは，何らかの形である面だけを押さえ，それに対して刺激をふりかけることだというと，皆様方から反論があると思います。いや，保育の5領域のすべてを満遍なく充分に発達させるため，ちゃんとカリキュラムを組み，デイリープログラムを作ってやっているとおっしゃるかもしれません。だけど私はそれをみていて，やっぱりこれも偏りを作っていると思うのです。私はよく考えるのですが，偏りというものは，もともと存在しているものであり，発達していくこととは，偏りなのです。みんなが同じように偏って発達していくのなら分かりますよ。だけど，この子が偏るのと，あちらの子が偏るのとは，みな少し違うのです。それからまた，子どもがどのくらいサッと進むかも，少しずつ違います。ともすると私たちは教育したり，保育したりするときに，ある偏りを，これは病的だ，これは異常である，と考えて，まともな，平均のとれた発達にもっていこうとして，せっかく偏っているところをかきまわしてしまうのです。かきまわすというと変ですけれど，この偏りをある程度尊重していたならば起こったかも知れない子どもの発達，この偏りをある程度通過したら次の違った方向に移るかも知れない発達，を私は考えるのです。

どの時期に何をどう発達させるか

　発達はまったくムチャクチャに進むことはないのだということを，私は個別的な発達相談をしながら，しみじみ考えるのです。そういう目で人間の生涯の教育を考えるとき，どの時期に，何を，どう，発達させるのか，という問題を考えたいと思います。皆様方がしている保育も，ある意味ではこれだけの人生の，たったこれだけの時期に，この範囲にそって，全部が全部同じようにいくということはあり得ないと思います。そういう意味でもう一度皆さまとご一緒に，保育を考えなおしてみようと思ったわけでございます。

全5回の構成と内容

全体を5回に分けてお話いたします。第1回は総論ですから，発達をそういう見方で見た場合に，私たちは保育をどう考えるかということについて話をいたします。

第2回は，現代の子どもたちの問題は，私の考える発達から見た場合，私たち誰もがもっている発達の偏りなのだろうか，ということを考えてみたいと思います。

「観客席の子どもたち」

ナイナイづくしの子どもたちといわれる現代の子どもたちを，私は「観客席の子どもたち」と名づけています。子どもたちのある面を，私たちが手とり足とりして，指示教示雨あられと浴びせかける。子どもは自分のなかに発達させるべき偏りを止めまして，指示教示をして下さる方にそれをそのまま差し上げてしまうのです。つまり

代行機能

私たちは教育しているつもりなのに，その教育者は「代行機能」を発揮して，子どもの発達をストップしてしまう，ということがあるわけです。現代の子どもたちは大変不幸なことに，山ほどの代行機能に囲まれています。家のなかでは子どもの数が少ないから，親がしようと思えばすべての目がそこへいってしまうでしょう。直接手出ししないまでも，親が指示教示雨あられ，ほらあそこへ行け，もっと早くしろ，ほらもう置いて行くぞなどというと，あとから待って，待って，と子どもが行く，本当にしようがないね，などとこれで親は教育しているつもりです。子どものっそりしたのを，受容してやるときだけでもニコッと笑ったなら，もっとスマートに発展していくべきものが，みなつぶされ，かきまわされていくのです。現代の子どもたちのなかでかきまわされている部分とは，生涯のなかの幼児期を考えた場合，どんな偏り，どんな歪みとなっていくものか，ということに焦点を当ててお話します。

2回目で代行機能の話をいたしますが，代行するのは何も親だけに限りません。環境だってみんなそうなのだということが分かってきます。第3回ではその環境について話します。私たちがたくさんの機械に囲まれて育っていくことも，代行機能が行われているということです。機械がやってくれるとはどういうことか，それはもし機械がなければ使わなければならなかった機能を使わないですむということです。使わないですむということは大変楽なのです。けれ

ども機械がないために、不自由をしながら克苦勉励して、ヘタくそながら使っていた機能が、機械によって代行され、ボタンを押していればすむという単純作業にかえられたのです。そのような場合に、人間の育ち方は変わってくるだろうと考えられます。

けれども、ボタンがなければ発揮していた機能を、何か他のものによって替えていくという、有意的な教育がもし行われるなら、機械があってもちっとも構いません。ところがそれを現代の人はやっていない。そうすると子どもの置かれた環境も、機械があるということだけに留まらないのです。それがあることによって、子どもの発達がどうなっているか、この歪みかたがどうなっているかを考えたうえで、人間的環境、保育的環境、教育的環境が、本来発達には偏りがあるという、この発達の本質面をどう扱っていけばよいかを

環境と発達　考えてみたいと思います。環境同士の問題です。現代の環境を、そういう意味で縦横無尽に解剖してみたいと思います。そのなかで、では保育とは一体何だろうという思いが、あなたたちの頭の中に起こってくるだろうし、また発達を育てる作用とは一体何なのだろう、といろいろなイメージが湧いてくるだろうと私は期待しているわけです。今はぽやっと聞いていて下さい。1回1回丁寧に話します。

育てる作用とは　これだけ進んでくると、育てる作用とは一体何だろう、ということを本質的に摑んでいなければならないと思います。そこで第4回では、「発達を育てる作用」は生涯のなかでどんな形を続けていくべきか、そのなかでこの時期がどういう問題をもつか、ということを考えていきたいと思います。そのなかにはもちろん、ここで育てられなかったら、どこで育てられるのか、ここで育て損なったらどういうことになるのか、という問題が必ず入ってきますし、育て損なったら、それをここで他の力を使って回復することが可能だろうか、ということを考えます。皆さん方、親の相談を受けることもあるでしょう、家の子どもこうなんです、先生どうにかして下さい。あるいはカウンセリングをやっていらっしゃる方もあるでしょう、その場合皆さん、育てる作用のこういう問題をほぐしながら考えて、一体この育てる作用は、個々でどうなるのだろう、ここでも変われるのだろうか、と絶えず考えながら仕事をしていらっしゃると思います。すでに保育そのものですね。0歳まで親が見ていましたが、そ

こですでにゆがめてしまった，今2歳児でどうにかなりますかとか，4歳のとき受持ちになったけれど，その前の受持ちがまずかった，私どうにもならないわ，などとおっしゃることがあるかもしれない。ここでまた歪みを育てることが，どういう意味をもつかも考えます。

普通でない子　ときどき偏りもいいとこ，異常もいいとこ，という子どもが出てきます。有名なニュートンはまさにそうでした。普通の子ではなくて，学校には行かれない。エジソンもそうでした。私が相談にのった子どものなかにもエジソン的，ニュートン的な者がいました。あることを考え出すと，それにしか考えがいかなくなる，という子です。親も幼稚園もこの歪みを発達の歪みとは取らないで，その他大勢に組み込もうとする，子どもは反発する。先生にやられると，「イーッ」と言って水をジャーっとかける。自閉的傾向がある，知的障害だ，保育する自信がない，と先生に言われ，親が私のところに連れてきました。

幼稚園ではその子，一言も口をきかないのですが，私との対面では話をする。誘いながらテストをしようと思ったとき，ガラス窓から日がさしてきたので，助手がブラインドを下ろしたのです。子どもはそれに興味をもち，やおら立ち上がるとこのブラインドのところへ行き，彼女がおろすのを見て自分も紐を引きました。こうやると暗くなる，こうすると明るくなる，こうすれば暗い，目をキラキラを輝かして，10分くらいやりました。こんな知的障害ってありますか。「ずいぶんやったね。分かった？」ときいたら「分かった」と言うのです。どういう風に分かったのかを聞くと，「こうやるとパネルがふさがるの」とちゃんと見ていて，しかも言葉で表現できるのです。両親に子どものことについて，いろいろ教え，幼稚園の先生にメッセージを伝えてもらいました。また両親だけでは少し心配なので，学生さんを相手につけました。この子は私立小学校に入り，今も変わった傾向はあって，1つのことに興味をもつとほかのことが耳に入らなくなることは続いています。たぶん，ニュートンもあんな子だったのではないかと思います。

みんなと違う発想がどうして起こるのでしょう。こういう発達はどこが違うのだろうかと，私はこの十数年間考え続けました。具体的には育てる作用についての話のところで説明しますが，これを逃

す育ての作用をした場合，この子はまるで違ってしまいます。皆様方の保育園のなかにも，集団に乗ってこない，1人違ったことをする，頭は悪くなさそうだけれど集団を妨害して手に負えない，という子がいるかもしれません。どうしたらこの子を伸ばして育てられるのかといろいろ考えられるでしょう。

男の子と女の子　どうもこういう子どもは男の子に多いのです。私たちは脳の仕組みが男と女で違うことについて少ししか知っていませんが，そのほんの少しのなかに解答につながりそうなものがあることが分かっています。男女の脳の働きを比較している研究者に言わせますと，どうも使いかたのバランスが違っているようです。統計的に男はどちらかというと右脳優位が多く，空間知覚，図形の認知が優れています。男に方向音痴は少なくて，道が分からなくなるのは多くは女です。その代わり女性は左脳が優位です。吃音は男に多く，子どもの言葉の発達は女が早い。さらに左脳と右脳の掛け橋になる脳梁というのがありますが，この左と右の脳細胞の働きを連絡する部分が組織的に男と女で違うのだそうです。解剖して見ると女のほうが立派に発達している，とくに年を取ってくると男はやせ細ってひょろひょろになるのが多いということです。これは違った優位性をもつ右脳と左脳をバランスよく使っているのが女性だということで，それが解剖学的に証明されているのです。定年後，家にいる男は頑固になって生活力がなくなり，あることだけに執着するのが多いでしょう。

　ここに少しだけいらっしゃる男性にお勧めします。お若いうちから左右の脳を均等に発達させ，それを育てるチャンスを作り，しょぼしょぼにならないようにしましょう。かつて男の子は何をしても元気なのがよい，いたずらをしてちょっと壊してもいい，と社会的な承認を受け，それに対する誉め言葉，賞賛が循環していました。バランスの取れていないものがますますそうなっていく。一方女の子は，女の子のくせにそんなことしないの，格好よくしなさいと言われる。だから脳を左右使って余計にバランスがとれるでしょう。女性が仕事をもつと，生活力を発揮しなければならないときが多く，それをしないと一人前とは見られない。だからバランスの取れた生活をしている人が多いのです。それが脳梁のやせ衰えるのを防ぐわ

けです。私たちは発達させるべく持っているものを発達させていくとき、本来の偏りだけではなくて、そういう要因も入ってくるし、育てる力も入ってくるのです。こういうことをいろいろな角度から、最新情報も入れ、現在私が到達した発達に対する考え方を5回にわたってお話したいと思います。

育てる力とは

このようなことを考えたときに、育てる力とは一体何なのか、というところに来ます。最後の5回目にはこれら全部を考えた場合に、「保育とは何だろう」と、皆様方の保育に焦点をしぼったところに話をもっていきます。保育とは、ということは同時に、保育者とは、ということになると思います。保育は保育者という人間的環境を除いてはありえません。いかにあなたたちが頭の中で保育計画を考え、その作用についてこの場面はこういう保育をするために用意した、と言っても、人間的環境を除いては考えられません。そういう保育者自身の問題を含め、今お話した筋書きを踏まえて保育を考えてみたいと思います。この5回目が、私の現在の保育に対する考え方をしぼりこんだものになると思います。

発達はデコボコである——発話の例から

今日は総論として、私は今、発達と、人が生きることと、その生涯を、どう考えているかということから話をして参りたいと思います。先ほど発達とは偏りだと申しましたけれど、発達現象をずっと探っていきますと、1人の人間のなかではいろいろな機能が展開していくわけです。とくにあなたたちが保育していらっしゃる子どもたちを見ていますと、日に日にいろんな機能が展開していくことが分かります。

けれど、その発達というのは、たとえば運動機能——こういう言葉をつけるのもおかしなものかもしれませんが、私たちは何かで分類をしなければならないので運動機能なら運動機能としておきましょう——の発達、関わりなら関わりの発達、認知とか探索とかいろいろなものの発達が1人の子どものなかに起こってきます。その場合それらの発達はみんなデコボコで、一緒に来るわけではありません。乳児期から幼児期にかけての発達検査には、何ヵ月の赤ん坊は何が出来るというのが、ダーッと書いてあります。じっと見るとか、

動くものを追うとか，首が坐って，手を伸ばして物をつかむ，エンコする，歩き出す…などいろいろなことが順番に出てまいります。たしかにそうなのですけれど，では，首が坐るころは他の発達はどうなっているか，ひとこと「マンマ」という言葉の出てきたときに他の発達はどうなっているか，ということを考えてみましょう。つまり1人の人間を主体として，そのなかに起こってくる発達をよく見てみますと，運動機能がめざましく発達していくとき，同時に言葉が盛んに展開したり，関わりがずっと強くなったり，いろいろものを考えるようになったりするということは絶対にありえないのです。これはどういうことなのでしょう。

　男の子だけでなく女の子にもあることですが，ある機能が非常に強く発達しているときは，他の機能がストップすることがあるということを前にもお話しました。私は言語発達（verbalization）の研究で，子どもが「アェ」というバブル（喃語，babble）を始めてから言葉を発声するまで，1年半にわたって17人を追いかけてみたことがあります。その場合，だんだん，だんだん，バブルの量が増えていくなんていう子は1人もいない。親子に協力してもらって，ほとんど毎日録音をとりました。アエー，アエーなんてやっているのを時間を決めてとります。録音をとっただけではいけませんから，その録音テープを聴いて，表音文字に変えます。それからこれを分析するわけです。どのくらいの種類の音声を，どのような状況で，どのように発したかということを分析する。大変な労力が要ることだったのですが，協力する方があって分析いたしました。

発声のしくみ

　口の中の器官が oral cavity の発達に伴って何を使って発声するのか見てみましょう。みなさんご存じのように脳があって，肺があり，横隔膜があります，呼吸気道があります。ここに声帯があってブルブルとふるって音声が出てくるわけです。アェ，アェッという音声のエネルギーは呼吸エネルギーからくる。横隔膜が収縮し，肺が収縮して，ここからどっと呼気が出てくると，これが音声エネルギーの元になります。これが声帯をふるわせます。呼気が出てきたとき，口の中の筋肉がどのように働いてそれを押し出すかによって音声が違ってくる。そこで，この押し出すときの音声は，たとえば泣くときと「アー」というときとは使われるメカニズムが違ってい

ます。泣いているときは大脳の支配は行われていない。皮質より下から衝動的に吹き上げてくる音ですから，つぶれたような原始的な声が出てくるわけです。ところが「アエー」というときは，この衝動のような，皮質下の脳の働きは抑えられています。脳にブローカ領とウエルニッケ領という2つの言語中枢があって，その間に運動野が入っています。このブローカ領の言語中枢のすぐ前にあるのが，口の中の筋肉を支配している運動野です。少しややこしいかもしれませんがこれをよく理解していただけると，発達と，それを伸ばすということが，よく分かってきます。

　（大脳の断面図を書き，どの運動野が身体のどの部分を動かすかを説明する）ここが体幹です。ここが手です。ここが眼，そして顔の筋肉，ここからここまでを使って口の中の筋肉を動かしています。脳の細胞の中で，これだけ広い部分が口の中の筋肉を動かすことに使われています。それからここは手です，手を使うことにもこれだけ多く使われています。身体は大きいのにそれを動かすために大脳のこれだけしか使われていません。たくさん使うことがいいことではないというかもしれませんが，それだけの細胞が使われなければ働かないということは，かなりの高等な作用だということになるでしょう。

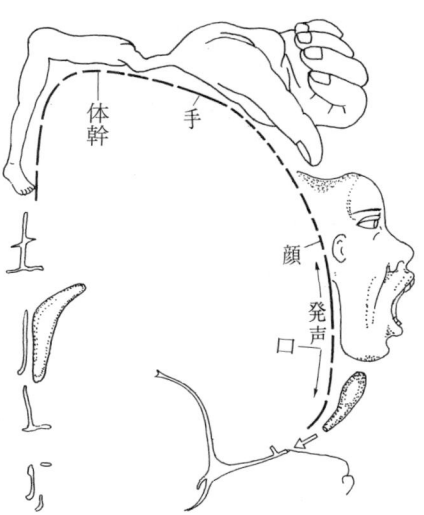

さて、発声にかえります。私どもが発声器官を使うことを命令するのは言語中枢です。先に言ったブローカ領が衝動を押さえて「アエ」と言うのですが、そのときの口の中の筋肉の使い方は、運動能力の発達一般に存在するメカニズムに従います。ご存知のように運動には全体複合的なものから特殊なものへという方向があります。頭からシッポへ、中心から末梢へと発達は進みますね。全体複合的とはどういうことでしょうか。部分部分が微妙な特殊な収縮をして競合して動くのではなくて、全体がデクの棒のように動くのです。

赤ん坊の発声

だから口の中の言語発声の筋肉も、赤ん坊の月齢が低いほど全体複合的に働きます。よく私は0歳児保育をなさる方に、赤ちゃんと同じ音を出してご覧、赤ちゃん喜ぶよ、と教えてさしあげます。同じ音を出すといっても、3カ月の赤ちゃんと5カ月の赤ちゃん、6カ月の赤ちゃんとでは出し方が違うから、その子の出すような音を出しなさい、そのためには、赤ん坊が若ければ若いほど、あなたたちの口の筋肉を全体複合的に使えばいいのです。ダラー、ボタッと全部筋肉の緊張を抜くのです。そして全部をボワッとさせて「アエ」というと、これで2カ月のが出る。それをちょっと緊張して「エアル」というとこれが3カ月。7カ月の人はもっと特殊化して「アエ」「エア」「エエ」と出すのです。緊張はまるで違います。それは運動発達の法則に従っていきますから、その発達に偏りがなければ、全体複合的なものから特殊化していく方向に進み、音声はどんどん複雑なものが出てくることになります。

ところが17例の赤ん坊を追求したのを整理してみたところ、初めのうちはエ、ウ、というのが単純に出ます。それからエル、アルなんてのが出てくるでしょう。これがふえていくと思っていたところが、一方では運動の発達があり、音声だけが発達するのではありません。赤ん坊の首が坐るようになるでしょう。うつぶせになって肩が上がるようになるでしょう。そっちも子どもは一所懸命やっているのです。そっちの筋肉を働かしながらそれをやっていきますと、突如として発声は元の音声に戻ってしまうのです。たとえば6カ月の赤ん坊が、エンコがちょっと出来るようになると、出す音は、単純なエーだけですよ。そういうことになってくるのです。

これは一体何を意味するのでしょうか。1人の人間のなかにいろ

伸びる機能と停滞するもの

いろな発達が一緒に起こってくるとき、ある種のものが発達していくと、他のものがストップしたり、十分に活動しない。ある方面に発達が起こってくるときには、他はストップして、停滞するのがほとんどです。私たちの発達、人間の発達とは、このように起こっているのです。そうするとあなたたちは、赤ちゃんを見て、この子はこのときこんな風でした、あの子はこんなことしか出来ない、というように早計に解釈するのは間違っていることが分かるでしょう。全体を見て、この子は今どの部分が急速に展開しているかを考えると、その部分はもしかすると元に戻っているのかもしれません。これが急速に展開して、子どもが自由に寝返りを打つようになると途端に、アルユアルユ…と出てくるのです。個人差が結びつき、そういう展開と停滞がものすごく強い子どもと比較的弱い子とがあります。戻り方が少なくてよほど気をつけていないと戻っているとは思えない、ただ音声の数が少なくなって、あまり発語しなくなった、という程度ですんでいる子どももあります。

　こういう研究をするようになってから、次に赤ちゃんの発達診断をするときに、私の見方が変わってきました。というのはむしろ、後退が強く起こってくる子どもの方が多い。たとえば「エア」としか言っていない子ども、今たとえば一所懸命あることをやっている子どもに、あ、この子はある種の発達がおこって来るときに他のものがストップするのだな、という見当がつくのです。それが割合に少ない子どもがあり、その場合、親はほとんど気がつかないけれど、やはりそのようなことが起っていることが分かる。このメカニズムを説明するには、時間がかかります。だからそのときは、親に、この子どもはもしかしたら育てにくいかもしれない、この子どもにとっての正常な発達と、あなたの思っている発達とは少し食い違っている、「極端にあることが出来なくなった、この頃あればっかりやっていておかしい」などと思うかもしれない。それは、この子の発達の仕方は、そういう面が非常に強く出るものだからです。この子のやっていることに危険と本当に変なことがない限り、よく見守ってさえいればよい、そういう話をします。

　園に一緒に来た仲のよい友だちの子どもが、一方は割合にデコボコがなくて、他方がものすごくデコボコなことがあります。同じ月

に生まれたのを連れてくるわけですよ。仲良しですから、お宅の子どもどうしたの、うちのはどうやったのと、どうせ始まるのですから、2人並べて話をする。あなたの子どもは育ちかたがいいという。それでもやはり発達の動揺があるのだけれど、あなたの子どもの場合、これが非常に少ない。こっちの子どもは、これから幼児期になってもあるものに興味をもったらそれに突進するかも知れない、というような話をしておく。これが育てる力との絡みで伸びるのです。

発達をかきまわす親

ところが親はなかなかそうは分かってくれない。隣の子がアピア，アピア…とやっているのに，うちのは，ア，ア，ア…しか言わない。先生に言われても，自分の子どもになったら納得出来るものではない，そしてかきまわす。子どもが黙ってしまうと一所懸命話しかける。そして，少しでも，子どもがアピアとやってくれれば安心するのです。ところがそれが発達をかきまわすことになる。今や子どもは他の方に興味が向いていて，そっちに向かって自分の能力を伸ばすことを求めているのに，そっちじゃないよと一所懸命顔を見ながら，アピア，アピアとやっているから，その子どもが発達していくのをかえってつぶしてしまうのです。幼児期になり何かに興味をもつと，そればかりやり出す，また親がそれをかきまわす。かきまわされたあげくの果てに中学1年生になっているのがいます。気力がなくて，興味をもたない。こっちのいうことはするし大人しいけれど，男の子なのにエネルギーがない，常になんでも中途半端だと親は言うのです。ご主人は自分が子どものときはもっともっとイタズラをして止むに止まれぬエネルギーでカッカッとなっていた。この子はどうしてこうなんだろう，母親が悪いんじゃないかと言い出した。ちゃんと忠告したのにかきまわしたのです。このかきまわしの親ってすごく多いですね。

私はどのように育てられたか――1

こういうことを考えるたびに，私は自分の親に感謝せずにはいられません。私が一番目の子どもに生まれていたらかきまわされていた。やはり親は一番上の姉に対してはかなり指示教示をしたようです。子ども心に覚えているのは，姉が小学1年に入ったときのこと，私はよちよち歩くくらいの赤ん坊だったのですが，母親は姉をつか

まえて書取か何か教えていましたよ。それから私が物心ついた2歳くらいのときも、「お道具もった？　忘れ物はないの？」なんてやっていました。あの姉はどちらかというとそういうスポイルをされていました。でも私の目から見ると、シコシコとよく勉強していましたし、親にいわせれば普通の、思うようにいった子どもだったのだろうと思います。二番目に男の子が生まれたのですが、満1歳で亡くなりました。その後に私のすぐ上の姉が生まれました。これが男だったら私の運は狂ったと思います。これは生まれ変わりだと思って待っていたら女だった。あら女だわ、とそこに転がした。一番上の姉は両方の祖父母から玩具を一杯もらっていた。私のすぐ上の姉は洋服からおしめからガラガラまでお下がりで、転がっていた。

　その後へ私が生まれた。父親は期待にみちみちて、男と信じて疑わなかったようですが、それがまた女。5回、「男か？」と聞き直したそうですが、いくら聞き直しても女だった。それでガックリときて、父親は関心をなくしました。母親も、もう3人目ですからね、余裕がでたのです。2人目をちょっと転がしておいたという後ろめたさがあった。それと一番手がかかってみんなから注目されていた姉が学校に行くようになって手があいたわけです。

　親の手があいても、その手は決してゴロっと転がっていた子どもには帰らないのです。あの子は放り出しておいて大丈夫だと、二番目は放り出されていた。私はある程度かまってもらえた。私は3人目でよかったと思うのは、非常に過敏な子だった上に、一番反応が激しかったからです。湿疹が出来たりアトピー性の皮膚炎などいろいろあったので、これが一番上だったら過保護になっていたでしょう。3人目だったので、かわいそうだとは思うけれども、そのうち治るだろうと親の気持ちがゆったりしていたと言います。だから適当に放り出されていた。それが非常に幸いした。それから意識的な親の態度が幸いしたのは、上が2人いるでしょ、上がもう学校に行くようになり、つかまっては教えられているものだから、私がチョコチョコ歩くようになると耳にはいるわけですよ。自分がつかまって教えられるのは面白くないけれど、人が何かやっているのは面白いじゃないですか。こうやってのぞきこんだりいろいろしていたらしいのです。入ってくる育てる力というものは大変なものです。興

3人目でよかった

味を刺激して誘発して，しかも私の行動はどんなに偏っていようと，もう3人目ともなればあまり目につかないわけです。妹がそのあとに生まれた。これまた女の子。父は見に来て，もう聞かなかったと言います。

誘発的刺激

この妹が生まれたとき私は2歳7ヵ月，もうすでにかなが全部読めた。これは誰も教えなかった。別に天才でも何でもない，誘発的刺激が作用しているわけです。面白いなと興味がものすごく刺激された。2人目ならどけられたでしょう。3人目だからもういい加減にしかかまわれなかった。あまりしつっこければどけられたかもしれませんが，私はそっとのぞいていたのだそうです。のぞいていたって何も分からないだろうと親は思うから黙って放ったらかしておいたら，それが刺激になったらしい。

妹が生まれる前にカルタを取るのを見て，かなが読めることに気づいた母が驚愕したらしいのです。それでそのとき初めて父親にそう言ったようです。「この子はもうかなが読めるんです」そしたら父親がそのとき，この子は変にさわったらとんでもないものになる，何もしないで放ったらかしておけ，勝手にさせとけ，そう言ったのだそうです。母親はちょっと教育したいという意欲が出たらしいのです。この子をなんとかこう教えたら…と。ところが父親は絶対確信をもったような態度で，この子は放っておかないととんでもない変なものになると言う。それで私は自分の行動が人に対して悪いことをするとか危険なことがないかぎり自由に放っておかれた。この育てる力が私に非常に大きく与えられた。それに上に姉がいますから，いろんな文化的刺激は私に与えられるのではなくて，彼らが叱られたり，やってみたり，また叱られたり，さらったり，というのを見るという形で，こちらから，面白いぞとそれを取り入れたわけです。たまにそれを覚えると，まあこの子は知っているの，出来るじゃないかと，承認を受ける，喜びに満ちみちてまた見るわけです。

承認される喜び

そういう育てる力が私にふりそいだ。私はかなりデコボコだった。自分であるものに興味をもったらそればかりに興味をもつ。それを許してもらえたけれど，もし一番上だったら絶対許されなかったと思う。だからあるときは，私は本ばっかり読んでいた，またあるときは真っ黒けになって庭をかけまわった。あるときは穴ぽこばかり

掘っていた。でも何も言われなかった。

　だから私は言いたいのです。子どもは3人産むものだと。3人目になったとき，はじめて親は余裕をもち，子どもを育てる力は何かということをはっきり分からないまでも，何となく体得することが出来る。子どものもっているデコボコには，先ほど言いましたように，2種類の型があって，そのうちの1つは比較的おだやかに進み，伸び縮みが目立たないタイプです。その場合にはかなりつめこんでも大丈夫です。ある意味で，害になることが少ないのです。ところが今，2人きょうだいの上の子どもが男の子で，親が必死になってかきまわしているのが，発達相談に実に多いのです。そういうかきまわしが発達を妨害する，しかも親は教育しているつもりです。

性差と発達

　先ほど言いましたように，やはり男と女の違い，性の違いが厳然としてあります。

　私はいわゆる女らしい，男らしい，能力がこう違うというような，現代の段階での典型的な違いを男女の差とは思いません。これは，育てられ方に大きく影響されているのです。しかし左脳優位，右脳優位というようなものはある程度，解剖学的に存在しています。遺伝子のなかにXYの染色体がありますが，このXとYには中村桂子さんにいわせると遺伝子全体の2万分の1しか違いがない，後は全部同じだそうです。この2万分の1の違いが何をするかというと，だいたい胎生期，赤ん坊がお腹に6週ないし8週くらいいるころから16週くらいにかけて第1回の分化が起こり，それによって初めてアダムが出現するのです。それまでの性器の形成はみな女性だったのです。だから聖書のなかでアダムの骨からイヴが産まれたというのはウソで，初めにイヴがあった。それが脳の形成にどういう影響を及ぼすかということも追跡が行われました。たぶん左右のバランスの連絡とか，そういう基本的な最初の変化をもたらすような1つの作用があったのかもしれません。

初めにイヴありき

左脳右脳のバランス

　胎児期の第1回の分化で男の子と女の子が出来ますが，構造的な左右の脳のバランスの悪さは女の子にもありますけれど，男の子の方が多い。女は左右のバランスを取って発達する。ではバランスを

取るということはいいことなのでしょうか。その後の育てる作用との間の関係がありますけれど，バランスを取ると，どれもこれも平均的で，穏やかで，それでお利口だ，ということになります。そうすると，左右の脳の働き，バランスの取れた脳梁の厚さの立派さによって，穴掘り的で突進的な，攻撃的なエネルギーをもって他のものを顧みず突き進んでいくということは妨害されるかも知れない。そこで女の子の発達のなかでアンバランスにワーッと突き進んでいく発達をある意味で阻害している，つまりバランスを取っていくために発達を阻害するということがあるかもしれないのです。

　ここまでを考えてから，私たちは女の子と男の子の教育を平等にしてやりたい。自分のやりたいものを伸ばしてやるというのと同時に，その子どもがおちいりやすい発達の差異を考えるのです。そしてまた，発達の差異，アンバランスになることの意味が少し違う可能性があります。それをどのように生涯に向かって伸ばしていってやれるかを，もうこの辺から考えなければいけないのではないでしょうか。

岡潔先生　　というのはたとえば前にも何度かお話ししましたが，何年か前に亡くなられた岡潔という数学者，覚えていらっしゃいますか，奈良女子大の先生，非常に奇行をもって鳴らした方です。なんにも世間的なことは分からない，数学だけ。鶴のような格好をしている人で，数学の世界では非常に優れた功績を残す。けれどもあの人の人間的な発達能力を考えると，ものすごくデコボコなのです。男の人には，非常に優れているけれどもアンバランスで，1つのことしかわからないという人がまれにいます。業績はそういう人間の発達のなかのある種の姿を見せていると思います。このあたりから育てる力が変わってきました。女の子でも女の子だからどうでもいいというのがなくなってきましたね。

　場合によっては男の子がかきまわされることがあります。たとえばこれもあるきょうだいなのですが，4人きょうだい，上から二番目が男の子，一番上が女の子，それが非常に優秀でユニークな女の子，いわば学校ではよく出来る子です。この子は最初の子どもですから私の姉みたいに平均値的に教えられている，二番目は男の子だから親は期待した。しかし上に比べてバランスが悪い。そうすると

親が必死になってこれをバランスよく育てようとした。この子にはもうどうしてもこれしか興味をもてないという時代があった。ドロンコしか，そういうのにしか夢中になれないのですね。それを「お姉さんをみてご覧，あなたは男の子だから家を背負って立つんだから」，というような形でかきまわしたわけです。好きなものをつぶされても興味はそっちにいっているのですから，いまここで勉強をしっかりやれ，などと言われてもボヤっとしている。するとボヤっとしているからといって家庭教師をつれてくる，するとまた代行ですね，自分で考えない。次に生まれた女の子はほっておかれた3人目です。ところが女の子ですから泥こねもそれほど激しくない。それから変なものに興味をもってワア〜ッとやっても，それは女の子だからいいよ，ということになり，もしかしたら，これは何か好きなことをみつけて手に職をつけてやるのもいい，などと言い出した。そうしたら音楽に興味をもったので音楽を伸ばしてやった。するとこの男の子も，「自分も音楽をしたい」といってきた。男の子のくせになんだ，しなければいけないことも出来ないくせに，家庭教師を雇ってやっているんだぞ，と。この子は全部押しつぶされ，2回浪人して3回目にやっと大学に入ったけれど，親の望んだ大学ではない。家族の皆からさげすまれたのです。この子はもっと違った伸ばし方が出来たはずです。

平均的発達の問題点

こういうことが一世代前までは普通にありました。今，男も女も同じだ，男がこうなら女もこれで，というのが増えてきましたが，一方では男も女も平均的に発達していくことを望む親が多い。こういう発達を考えたときに，保育とは何をすることか，ということが問題になってきます。考えてみると，保育には親のやっていることを上塗りしていることがたくさんあるのです。人間全体を発達させるために，このカリキュラムに，このプログラムに乗ってこなければいけない，この子はそれに乗ってこない，あの子はまだ早い，と必死になる。またこのなかに園長先生もたくさんいらっしゃると思いますが，若い先生が「もっと子どもを伸び伸びさせましょう」と思うと，それを通りがかりにチラッと見て，あそこ，また騒いでいる，あの人ちょっと保育能力に欠ける，などと考える場合もなきにしもあらずです。ここにいらっしゃる方にはそういう方はないと思

いますが，現実にそんな気風があります。それを問題だと言って連れてくると，相談に乗る人にまた歪みがあるなどと言われたりする。どうすればバランスよく発達させるか考えるのは非常に大きな問題だと思います。

発達としての歪みと発達阻害としての歪み

　人間が自分の能力を全部フルに発達させるとはどういうことかを，私はこの頃よく考えます。あなたも私もある環境で何かをするとき，それを許され，ニッコリされる部分は何か，いろいろな興味を引き起こす刺激を撒き散らされたのはどの領域か，それぞれ皆違っています。あなたの能力でもない，私の能力でもない，たまたまある種の環境のなかで伸ばされたものです。もっと違った刺激を受けて，違った興味を呼ぶ誘発的なものが提示されていたら，あなたも私も違ったものになっていたでしょう。そのことを考えると，子ども，乳幼児に一体何をどのように誘発してやるのがよいか，2回目に現代の子どもの問題を話すときにお話します。

　こんなことを話しますと，偏っていてもいいと言われるかもしれませんが，もしその偏りのなかで，ヒト族としての人間が伸ばしていかなければならないある種の発達を阻害するものがあったらどうなるでしょう。皆様に前にお話したと思いますが，生まれたばかり **片目のネコ** のネコの目を，まだあく前に片方，糸で縫ってしまいます。1年間片目で生活させてから殺し，後頭部の脳，視覚を支配する領域の左と右を支配する部分に細胞学的な違いがあるかどうかを調べた人がいます。かわいそうと思ったらその学者に抗議してください。アメリカの脳神経研究所の医師です。明らかに左目と右目を支配する視覚領域の細胞に組織的な変化が起きていました。片方は使い，もう一方はまったく使わない，ということによって，細胞自体の組織学的なものが変質したということです。そういうことが起こるとしたら，私たちが何を誘発され，何を使わないように阻止されたかによって，せっかく伸びかかったものがかきまわされることを考えなければなりません。人間として生活しているのですから，つぶされたネコの目のように全然使わないということはないでしょう。けれども使う量が非常に減ってきているのです。私の言う「観客席にいる

子どもたち」、代行によって発達阻害を起こしている子どもたちを気遣うのは、こういう根拠に基づいているのです。

発達阻害とは何か　使ってさえいればちゃんと発展する人間能力に、現代の環境のなかで、家庭の環境のなかで、保育という皆様方の善意に満ちた教育的カリキュラム、デイリープログラムのなかで、ある種のかきまわしが起こり、ある種のネコの目現象が起きているのです。これは発達は歪みである、と言うのとは違う発達の偏り、「発達阻害」です。今日の話しの山はこれです。発達はもともと偏りである、ということとは別だということを分かってほしいのです。もう一度説明しますと、偏りという言葉の使い方はともすると、ある子どもの行動がある方向に偏っている、こちらはあまり発達していない、というようなときに、だから問題児である、発達のし損ないであるという考え方をして、その子どもをもっと平均的に育てようとします。発達診断に行っても、あちらは伸びていますがこっちは伸びていません、こちらを何とかしなさいとか言われます。

　けれども発達すべき可能性に対して、ある種の刺激を選択的に注いで子どもをその方向に誘発することがあった場合、誘発されたその能力は、先ほど言った子どもの全体から考えて見ますと、これはその一部です。全部一緒には発達しない。そうしますと誘発されたものは、子どもの個人差にもよりますが、ものすごい興味をかきたてます。こればかりになってしまう子どもがいます。そうなると現象的に、これは歪み、偏りのように見えます。けれどもある刺激を与えてある種のものを特別に誘発していくということは発達現象のなかにあるのです。そうでしょう。男と女の違いにしても左右の脳の優位性の違いがあり、これがある種の歪みのように見えるのです。でも私たちはこれを阻害だとは言いません。発達現象のなかにもと

発達のメカニズムとしての歪み　もとこういう１つのメカニズムが含まれている場合、発達阻害とは言わないのです。

　人によって多少パターンは違います。ある子どもは赤ちゃん時代からわりに楽にいくな、とか、この子はこういうようになると穴掘り的で突進的になるから親はよほど気をつけないといけないな、ということが分かってきます。ということは、これは阻害ではないのです。人間の発達の大部分は大脳皮質のいろいろな機能がオーガナ

イズされて進みます．どこから先にいくか，その次はどこがいくかはこのオーガニゼイションにかかっていますが，ここで発達の歪みではない，阻害ではない，でも現象から見ると偏っているように見えるということがあります．そこの見分けをつけてほしいのです．みんな同じように歪んで，同じような能力が発達して，こちらが抑えられている，ということがあるなら，あなたたちのように子どもを見ている方はそれを体得なさっているはずです．ところがそうではないのです．そういう子どもと，それほどでない子ども，ちょっと気がつかない程度の子どもがあるために，私たちは発達のなかに含まれている歪みや偏りに気がつかないでいるのです．

ネコの目現象としての阻害

それに対して私たちが阻害と言っているのは何か，これはたとえばネコの目現象のように，その子どもの生活のなかで，それを使い，あるいはそれを誘発し，使った喜びでまたやりたくなる，またそれを推進するような刺激に満ちみちている，というようなものがストップされて使うことがないことです．あるいはまた，親やまわりのものや，機械が代行して使わないですんでいる，ということになると，私たち人間のもっている能力はネコの目現象を起こします．目を使わないネコの脳に変化が起こったのと同じように，使っていたときの行動体制の回線，これは脳同士の連絡なら配線ですね，それは皮質と皮質下との関係かもしれません，それから運動野とどこそこの関係かもしれない，そういう関係の配線がネコの目現象になります．私はこれを配線が廃線になるという言葉で前に説明しました．関係づけ，発達させられるような能力をもっているものが代行され，使うときに面白いという刺激もない，必要性もない，ということによってその関係が使われずにすんでしまう，それが発達の阻害です．

その発達の阻害も表面から見ると，発達の偏り，歪みに似ています．子どもが発達していくとき起こってくる偏りと，まわりに代行機能がいろいろあって使わないですむときに起こる歪み，阻害は外側から見ると似たような症状があるわけです．これを見分ける能力をおもちになると保育の際，あるいは発達相談のとき，その子どもの能力が，発達していないのは本来のデコボコなのか，代行で使わなかったのか，使ったときにニッコリしなかったために促進されなかったのか分かってきます．

保育士も発達する

　そんなことまで考えていたら，保育なんてできるものではない，先生は現場の忙しさを知らないと言われそうですが，皆様も人間でございます。人が専門的職業につくとはどういうことでしょうか。ベテランの方はこの道を何十年やってきた方で，新米の方が，どうやって昼寝をさせようか，どうやってこの騒がしさを収めようかと苦心するようなことはもうちゃんと承知していて，これは黙っていようとか，このままにしておいても収められるとか，この子とこの子を合わせておけばいいとか，すっと出てくる，これが熟練というものです。それが出てくるようになったらエネルギーが余るわけです。このとき安楽椅子に座っていてはいけないのです。余ったエネルギーは新しいことを発見するために解放しなさいと言うのです。それを続けていると，今，私が言ったことが割合容易になります。

　どんなものでしょう。それはただ，保育を修練させるだけではなくて，あなたたちの発達をどのようにするか，人間の生涯を考えることです。そこまで頭を配ることは必ずやあなたの発達にある種の誘発的刺激を与え，それをすることによってますます配線を精緻にしていくでしょう。とくに人間は複雑なものですから，それらが絶えず起こってくるような仕事についていることは，皆様自身へフィードバックして行くという意味で，すばらしい利点があると思います。それを少し楽になったわと，そこに留まってしまうと，この恩恵にあずかることなく，人生を定年退職することになります。**人間はいつまでも発達する**もので，それは生涯の問題になりますから，またお話すると思います。

　私，60歳から70歳までは人間の脳の最盛期だ，という話しをしましたね。自分が71歳になって考えるのです。この前，誕生日が来て71になりましたが，洞察力は今が最高だと思っています。65歳のときこういう洞察力はなかったと，自分で思いますし，68歳と半年で聖心女子大学を定年退職したとき，新しい刺激を入れて，それを組み合わせて洞察するための情報を同じくらいもっていたと思いますが，それをある秩序に組み上げて行く力は，今の方が優れていると思います。もちろん，機械的記憶力はないです。でもこれだけのことをちゃんと喋れるのは，機械的記憶ではない必要な情報は，出そ

うと思えば頭の中から出てくるということです。それはどういうことかと言えば、私はずっと人間を見続けていて、その行動のメカニズムについてこれらのことを考え続けていたからです。

　私のように時々もってこられる相談と違って、あなたたちの仕事は子どもが相手、たくさんの生まの子どもが目の前にいます。大変でしょうけれど若いうちに苦労して、安楽椅子に座りながらの簡単な判断でよい状態にまでもって行き、解放された能力をそれに使いなさいと言いたいのです。そうすればあなたたちが71歳になったとき、もっと優れた洞察力が働くようになっていると思います。私は5回の話しでそのコツをお教えしたいと思います。

　最後には実際の保育の話をします。相談業務をしている方は相談に使ってほしいし、また、保育を含めた相談も自分の発展のために使ってほしいと思います。それからそろそろ保母さんを辞める方は、来るべき自分の発展のために、それを情報として入れて頂きたい。今日の一番の山はここで、これだけは考えておいて下さい。そうすれば、たとえば現代の子どもの1つの問題、自閉的な子ども、学習障害児、統合能力に欠けた子どもなど、いろいろなレッテルが張られていますが、私たちの目から見るとそういう子どもたちをどのように考えるか、それを分離していくときに、本当に発達を保育するという教育が考えられるのです。以上で今日の話しは終わりです。

第2回
現代の子どもの問題

　今日は2回目で，現代の子どもたちの抱えている問題を考えて見たいと思います。先の総論でお話ししたような発達の考え方，あるいは歪(ひず)みとか，偏りという考え方からすると，現代の子どもたちの特性と言われているものは，発達の偏り，つまり発達そのもののなかにある偏りなのだろうか，それとも歪みなのだろうか，あるいは障害なのだろうか，ということを考えてみたいと思います。
　よく現代の子どもたちはやる気がない，我慢ができない，自分勝手だとか，いろんな言葉で語られていますけれど，一体今の子どもたちが，自分勝手と言われ，あるいはまたやる気がないと言われ，目が光らないといわれ，背筋が伸びてないと言われ，もう少し大きな若者たちが，チンパンジー・ルックで歩くなんて言われることが──この言葉を聞いたことありますか，手を前にぶらんとぶらさげて背中を丸くしてこうやって歩いて，まさにチンパンジーだって言うんですね──これらのことが発達のなかの何にあたるのか，ということがきちんと考えられていないと思うのです。
　今日は少し徹底的に，目が光らないことは，発達から考えて何が欠けて，何が歪んで，何が足りなくて，何が阻害されているのだろうか，ということを考えてみたいのです。人間の発達すべき行動の系と言いますか，発達させるべき行動のシステムといいますか，そういうものから考え，1つ1つ徹底的につめてみたいと思います。そうすると，はたして目が光らないとき，あなたたちは光らせなければいけないのか，それとも，光らなくてもいいのか，自分勝手なのはそれほどのことではないのか，あるいは何か考えなければいけ

ないのか，それからまた，深く考えないことも，発達の幅のなかで考えてよいことなのか，それとも発達阻害なのか，人間が発達させるべき行動を，きちんとおさえながら考えてみようと思います。

そしてまた同時に一方では，それが発達阻害をおこしている，発達の障害，発達のし損ないだとしたならば，その問題に対して皆様方が扱ってらっしゃる乳幼児期というのは，何をすべきときなのかを考えたい。皆様方は，うちの乳幼児の目は光っているよとか，うちの乳幼児は元気に走りまわって，背骨もしゃんとしているよ，といいますけどね，そのあなたたちの保育している時期のなかの何かが，将来の青少年の骨まがり，背まがりチンパンジーを予測させるような発達のさせかたをしているのかもしれない。それがただ乳幼児期にははっきりとした現象として現れていないだけなのかもしれない。うちの乳幼児は考えているよとおっしゃるかもしれないけれども，それではその子どもたちが，いつのまにか考えない子どもになっているのはどうしてなのか。

生涯のなかの保育

私はこの前，発達を生涯の系図のなかで考えるべきこと，ある時期に問題があって次の時期に行ったとき，そこでの現象のあるものは前の時期の問題を内包している，ということを考えていかなければいけないと申しました。保育というのは，ここと今の時期だけを安全に保育していればいいのではないのです。(生涯の系図の模型を指しながら）将来のここ（児童期・青年期）の時期の，もしかした

乳児期	幼児期	児童期	青年期	成人前期	中年期	老年期

らもっと先の時期（老年期）の，幸福でないおばあちゃん，おじいちゃんをつくったりするのでは具合いが悪いのです。この前，男と女の違いのなかで，晩年の脳のブリッジが，男の方が貧弱で狭くて細い，とくに60すぎると，しなびてくるという話しをいたしました。しなびてくるのは脳の中のブリッジにあたる脳梁の部分の細胞です。それが外側に現れてくると，左右の脳のバランスがとれていない行動の系が，もっと表側にでます。たとえば定年すぎのおじいち

ゃんが,頑固で生活力がなくて「粗大ごみ」になって,ポケーッとして,奥さんの邪魔になる,こういうのは一体どこの発達に歪みがあったのでしょう。男はみんなそうなるものなのでしょうか。そういうことまで含めて,今の子どもの保育を考えたいのです。

**バランスが
とれすぎると**

　皆さん方自身,バランスがとれているって言うかもしれないけれど,そのバランスのとれ方が,もしかすると脳梁のブリッジのバランスがとれすぎたために,1つの道にググッとつき進んでいけないものだとしたら,それは発達の阻害を受けているかもしれない,と私は言いたいのです。その阻害が女性であるということだけではなくて,小さな子どものうちから,おママゴトしかさせられなかった,冒険すれば女の子はそれではだめだと言われ,冒険物語を読むと女の子のくせにと言われ,そういうことが左右のブリッジの関係はますますうまくいっているけれども,そのバランスが,たとえばあるものにつき進んでいく人間の行動の系をストップさせている,ということだってあったと思うのです。今さらそんなこと言われても,私はちゃんとした30代,40代,なかには50代だ,という人だっているでしょう。50代まで来てしまって,今さらバランスがどうのって言われても困るとおっしゃるかもしれない。でも私が言いたいことは,あなたたちは保育をしてらっしゃるのだから,今,この目で見ている子どもたちに,あなたたちのしている保育は,子どものなかの何を伸ばして,何をつぶして,どの方向を循環させて,どの方向は総論でお話したネコの目を縫った実験例のようなことになるか,ということを見きわめておかなければならない。私はこういうことを考えていこうと思うのです。

　そのために今の子どもの問題を,1つ1つ具体的に,これでもか,これでもかと詰めていきます。そうすることによって,皆様方がはっきりと,今の子どもたちはどこがどう抜けているのかを見ることができるでしょう。今日はそういうところを突っこみますので,前よりもいっそうお顔を見ながら話をいたしますから,どうぞ分からなかったら本当に分からないようなお顔をして下さい,何度でも繰り返してそこのところは詰めてまいります。

目の輝きはどこから生まれるか

まず、さきほど出した幾つかの簡単な例でやってみましょう。目が輝いていないとよく言われます。この頃とくに発展途上国を旅行した人たちが、アフリカで出会った子どもたちは貧しくてはだしで歩いている、ところがその子どもたちの目はみんなみんな輝いている。ある人たちはインドに行ったときやっぱり貧しい子どもたちがいて、ものが何もない。そのなかで、こどもたち、目が輝いている。アフリカの寺子屋みたいなところで、宣教師の人が教えている、あるいはボランティアが教えている、その子どもたちが、実にキラキラした目をしている。ああ、かつては日本の子どもたちもあんな目をしていた、ところが今の子どもたち、あんな目をしていないじゃないか、というようなことをあちこちで海外の体験をなさった方が言っていらっしゃるんです。

あなたたちの目は輝いているか

さて、皆さん方の子どもたちの目玉は輝いているでしょうか。輝いていたかどうか、そんな深く見たことはないとおっしゃるかもしれません。じゃあ、あなたたちの目は輝いているでしょうか。いやあそんなに目など見たことないよ、とおっしゃるかもしれません。一度自分が保育しているときの目を鏡に写してみてください。輝く目って一体何か、目が輝くということは非常に外見的なものですけれど、行動の系から言うと、これが何を意味しているのかを、もう少し今度は心理学的に突っこんで考えてみましょう。

ここで Receptor-Adjuster-Effecter System、受接－調節－効果システム、を考えてみます。簡単に言いますと、人間の行動には、外側からの刺激を受けとる受接のシステムがあります。これをリセプターと申します。私たちは、目で見たり、耳で聞いたり、肌で温度を感じとったり、触ったり、そういうたくさんの感覚を通じて外界の刺激を受けとめます。これが受接です。その受接には、とくに目と耳、視覚と聴覚が大きな役割を果たしますが、皆様方の保育していらっしゃる0歳児の場合は、視聴覚の前に、近感がもっと発達しています。キンカンって果物でなくて「近い」感覚、近感ですね、つまり触れたところで感じる、においとか、触覚とか温度とか、そういうのを近感と申します。

近感の発達

触れて感じるこの近感が、生まれたての赤ん坊には発達していま

すから、それでお母さんにすがりついたときに肌の感覚を認識します。0歳児保育をしていらっしゃるあなたたちが抱いたときに受けるこの感じが、あなたたち保母さんを認知する、最初の認識の門戸であるわけです。それが鋭く発達しているから、抱かれ方によって、驚いて泣いたり、いい気持ちになったりするわけですし、また匂いで安定したり安定しなかったりする。一昨年お聞きになった方は思い出されると思いますが、目とか耳の遠感で外界をキャッチして安定する以前に、私たちは、こうしてにおいや肌ざわりで安定いたします。

　私が秋田に講演に行ったときのことです。飛行機に乗りまして秋田までほんの短い時間、私の隣に座っていた赤ちゃん連れのご夫婦の話です。私はいつも通路側に乗ります。このときも通路側に乗ったところ、窓側の2列に若いご夫婦が、まだ2カ月か1カ月くらいの赤ちゃんを抱いて乗っていました。お母ちゃんが抱いて窓際に、お父ちゃんが真ん中に座っていました。「よく寝ているわね、このまま泣かなきゃいいね」と2人で話をしている。私は今に泣くぞと思いました。こんな小さな子どもは、抱き方によって、近感で感じられる安定感をよほど強くしておかないと、急激に気圧が変わり位置が変わったときに、びっくりして泣き出すわけです。ところがそのお父ちゃんとお母ちゃんは、ただ普通に抱いているのです。そのうちベルトをおしめ下さいって、アナウンスがあった。ワアーっと盛大に赤ん坊が泣きだしたのです。それで、お母さんが、ヨシヨシヨシヨシなんて言ったってダメ。お父さんが、こっちへ貸してごらん、なんて空中受け渡しをして、今度はお父さんがヨシヨシヨシヨシ。そんなことやってもダメ。口出ししてもと思って、黙っていました。そしたらお父さんが私の方に向かって「おやかましくてすみません」とちゃんと挨拶をしてくれた、これは教えずばなるまいと思った。「赤ちゃんは不安定なんだから、お母さんの肌を赤ちゃんの身体につくようにしてオッパイのにおいをかがせるようにして抱いてごらんなさい」って言ったの。そしたらお母さんが、ハイって言ってヤーッて胸をこうあけちゃって、ギュッと抱いた。そんなにしなくてもいいと言おうと思ったのですけれど、あまり指図がましいからそのままにした。お母さんがそうして抱いたら、赤ん坊がピタッと泣

きゃんだ。

　しばらくの間，そうやって抱いてましたよ。そのうち水平になったので，私がもう大丈夫ですよって言ったら，そうですか，ああよかったとかなんとか2人で言っていました。本当に秋田までは短い時間なので，またすぐ着陸になるわけです。今度も泣くぞと思ったのですけど，もう学習しただろうからそういちいち言わないでも，と黙って見ていた。ベルトをおしめ下さいっていって飛行機がさがっていき，ウッとこうなったとたんに，ウエーッと泣きだした，そしたらやっぱりお母さん，学習していました。あわててまたヤーッとこうやって赤ん坊を抱いて，黙らせました。たぶん秋田におりてからあの人たちは，私がもう孫の何人ももって育てたおばあちゃんで，経験上教えてくれたと思ったに違いない，乳幼児を専門にやってる心理学者だとは思わなかったでしょう。こういう体験もしています。

　これはどういうことかと言うと，外界の刺激を受けとるリセプターが何によって安定し，何によって不安定になり，何によってびっくりしたり，何によって好奇心が触発されるかということは，その時期に，何が一番主体になって外界を把握しているか，ということによって違ってくるわけです。ですから，これを知っていれば，保育のときも，ああ何カ月だ，どうやって安定させるか，とか，何カ月だ，この筋肉よりも目つきのほうがものを言うよ，とか，何カ月だ，じゃ声をかけた方がいいよ，というようなことが自在にできる筈なのです。何でもかでも，ヨイヨイヨイのヨイヨイヨイで笑う必要はないわけです。

近感から遠感へ

　話が横に入りましたけれど，赤ちゃんはだんだん近感優位から目と耳，つまり遠感優位になります。目と耳は遠いところのものをキャッチするから，遠感と言います。一番後ろにいらっしゃる方の人相を私がキャッチできるのも，遠感を働かせるわけですし，皆様方だって肌すりよせないと私の言うことがわからないっていうわけではないでしょう。聞いてキャッチするというのは，この遠感によって外からのものを受接することで，このように乳幼児期の発達が変

わってまいります。そのとき一番優位になってくるのが視覚と聴覚ですね，これがますます優位になってくる。初めにいわゆる近感でとらえた漠然とした印象を，今度は遠感でとらえた印象とまぜあわせていく過程が，赤ちゃんの後半の認知の発達です。だから抱かれたときのにおいと，顔をすりよせて受け止めたものとが，そのうちにパッと見たあの人相と一緒にまざっていくわけです。そしてにおいと肌でとらえたものが，今度は目つきと言葉でとらえられるようになる，そういう発達をしていきます。

遠感の発達　乳児期の終わりにこのようにすりかえられていき，1歳，1歳半になれば，もう本当に視覚・聴覚が優位になります。ところが，そういう感覚を通して安定感をもたせてもらわなかった子どもは，いつまでも古い感覚によってタッチすることを求めるわけです。あるいはまた，これを変換できた子どもも，身体の具合が悪いとか，興奮しているとき，悲しいときは，古い感覚における接触で安定をとらえようとするのです。だから子どもが機嫌のいいとき，理性的になっているときは，しちゃいけませんよ，という言葉でわかります。あるいはまた，よくできたよという言葉をかけ，こちらからニコッとしただけで満足するわけです。

　ところがそういう満足感をもたせてもらえなかった子どもは，「よくできたね」って，ニコッと笑った顔と声を遠感によってとらえるとらえかたでは気にいらない，ギュッと抱かれなければ気がすまない。3歳の子だと，みんなうまく発達していればもう遠感であなたたちとコミュニケーションできるし，こちらと子どもの間に安定感を形成していくことができるのですけれど，ある子は母親との関係で，低い段階における安定をさせてもらえないままで，これをしなさいと言葉だけで指示される，そうすると保育園へ来て，ペトーッとくっつきたくなる。あるでしょ，そういうことが。それからペトーッとくっつかない子どもも，悲しいことがあった日はさわりたいのです。そういうように人間は循環的に元の関係にもどっていく，状態が悪いとこういうことが起こります。

家庭に代わる保育とは　だから幼児期の保育をしている皆様方に，保育とは何かと，もう一度申します。子どもが育ち損なっているとはどういうことか，家庭に代わるとはどういうことか。本当は家庭のなかで，親が近感に

よってとらえられる安定感を子どもに与え，今度はそれを遠感によってとらえたものにおきかえる関係を成立させたうえで，保育園に連れてくればいい。ところがそれが出来ていない状態で保育園にくる，そこで，親と同じような格好した皆さん方がニコッとすると，それにこういう安定を求める。当然だと思います。だから，そういう考え方で1人1人の子を見ていき，この発達，外界をとらえて安定するという発達が，1人1人どういうキャリアをもっているかを考えましょう。そうすれば，「みんな公平にしなければならないから，これにさわってこれにさわらないというわけにいかない，私，30人にベトベトさわられないからみんな公平にしましょう」なんて，どれにもさわらない訓練をしようなどと言わなくてもいいと思うのです。保育とは，この子どもはある程度安定した関係が出来上っている，でも隣の子がさわられているのを見たらさわられたくなる，そしたらちょっと握手してやればいい。そうじゃないですか。私たちは人間を育てていくときに，そういう形で，人間が経過すべき外界を把握する能力の発達的変化を，子どもに体験させることが必要ではないかと思います。

　もう少し大きくなって，たとえばものすごく問題が起こって，それこそ発達の歪みもヘチマもないような子どもたちが中学生あたりにいます。お母さんにベッタリさわったり，一緒に寝てくれと言ったりする。「本当に気持ち悪くて」なんてお母さんは言いますけれど，そこまで子どもが望むということは，立ち直っていくためにはそれが必要な場合もある。でもすべての場合に寝ましょう，寝ましょうで，17歳を抱えて寝りゃいいというのではないのです。ある先生が，抱いて寝なさい，抱いて寝なさいばかり言って，別の先生が，そんなバカなことはないってケンカになったり，いろいろあるのですけれど，それは今のような立場で考えればいいと思います。

　元に戻ります。こういう形で外側のものを把握するときに，私たちの行動のシステムを考えてみると，一方ではこのリセプターが外から受けとったものが脳の中にインプットされる。そしてこのインプットされたものがただこうだということが分かるだけではないのです。分かる手段として子どもは「手で考える」と言います。分かるというのは頭だけで考えるのではない，さわってみて，体験して，

手で考える

脳にまた1つの登録をする。そして目で見たものを，かつてさわって登録した認知と関連させて，判断していくということをいたします。この場合，乳幼児の既存の知識体系は，聞かされて出来るものではない，自分が目で見てさわって体験し，その体験によって，これはこういうものだと頭の中に1つのインプットをする。既存の情報と，今見たものとを絡み合わせる，あれに違いない，そうなんだと体験しつつ，嚙み合わせていくということを通して，発達させていかなければならないわけです。それがいたずらであり，さわってしょうがない，けっとばしたり，かじったり，たたいたり，ということなのです。「じっと見りゃわかる，じっと見りゃ」などと言ったってだめなのです。手で考えるとはこういうことです。それをさんざんやれば，あとは遠感的なものだけで判断できます。さんざんやった具体的体験によって，これはどういうものかという情報が認識出来るので，今度はその情報を遠くから見るだけで，こうだということを知るわけです。

言葉の役割　さらに，この情報を，今度はさわりもしない，見もしないで，それを思い描くような記号である言葉であなたが言うと，ウットリ聞きながらそれを思い浮かべることが出来るようになる。あなたが，何ちゃんがどうしたとか，オシッコしちゃったとかいうお話をしたら，子どもはお話なんてとこにいない，それを自分の体験と結びつける，つまりその情報との間に1つの照合作用，照らし合わせる作用をして，ああそうだ，と思うことができるわけです。これとて，さきほどの近感で自分が安定しなかった子どもは遠感だけで安定させることは出来ない，出来にくい，というのと同じように，体験によってこれはこういうものだと把握する前段があったときに，今度は目で見て，あれはこういうものだという認識が非常にはっきりしたものになる。それがはっきりすれば，なおかつ今度は言葉で，本で，教えられたものがああいうものだと頭の中に記銘されるわけです。

体験が脳を活性化する

　自分がさわって，体験して，こういうものだということを知り，目で見て，という循環が起こって，記銘する，つまり頭の中にしっ

かりとそれを据えつけるのです。ところが、体験により自分がさわったり、確かめたりといういろんなことをしていなくて、そういうものからの情報が抜けている場合は、目でじっと見て、それがたとえば四角いということがわかったとしても、体験によってその深さの知覚や厚さの知覚を知った子どもがこれを見て、自分の頭の中で考えることとは違うのです。これ四角だよ、見てごらん、見てごらんと言われて見ていただけの子は、頭の中の記銘のされかたが違うのです。わかるでしょ。次に今度はそんなものも見せないで、言葉で「四角がある、三角がある、三角と四角はどう違うかな」などとやると、子どもは何か言うかもしれないけれども、頭の中で考えていくときの細胞の働かせ方は全然違う。体験があれば、ある細胞とある細胞とある情報がパッパッパッと出てきて集まり、出てきた細胞を組み合わせて、これ三角だ、これ四角だという子どもの洞察がでてくる。頭の中の配線が、チャッチャッチャッと通電していく過程が違ってしまうのです。

　もしこのことを知っていれば、私たちはさんざん手で体験させるだろうし、見ているのはこれだなって、子どもの分かっている目に気がつくでしょう。大事なものだから叩いちゃいけない、見りゃたくさん、なんてことは言わないはずですよ。ところが、親たちは、あるいは場合によっては専門家である幼稚園の先生までが、この循環の違いをはっきりと認識していない。皆様方は保育のなかで、手で考えさせ、体験によって脳を刺激しよう、これぐらいまでは分かる。けれどこういう行動の系、きちんとそのときに自分が登録したものから必要なものを取り出し、どれとどれとどれとを組合せてそれを把握するか、という配線が違う、ということまで知っていますか。脳の中の配線は使うことによって通電する、使わなければ廃線になるということをこの前話しましたね。つまり、(11ページの大脳の断面図を示しながら) 手で考えたりするのがここにあります。目で考えたりするのがここで、言葉で言われたのがこれ、これがピッピッピッとこのようにつながって行って、ここに通電が起こる（脳の多くの部位を指し示す）、ところがこれがないときはたったこれだけですから（脳の少しの部位を指す）、全然記銘量が違う。私たちはよく、発達の段階をふまえてその時々の発達をさせなさいと言いま

脳の配線は使ってはじめて通電する

すが，それはどういうことかと言うと，こういう形で導入する脳の部分が多くなれば多くなるほど，次々に起こってくるものをいろいろ自分で考えることが出来る。

　自分で考えるということは，自分がこういう低い段階でとらえて体験したものと，次の段階で体験したもの，またその次の段階のもの，と自分が体験したものをもっていて，それを組み合わせて，こうだ，という高度なものをどんどんどんどん積み上げていくことなのです。もし前の段階が抜けていますと，それはパッパッと出ては来る，言葉の上で教えられていて，「どうだ，わかったか」「わかったぞ」なんて出ては来るけれど，それはそうでない前の段階から来たものと複雑さや緻密度が違っている。こういうことが人間の発達のなかに存在するわけです。

　そこで，乳幼児期というのはどういうことなのだろうかと，あらためて考えます。私たちは大きくなると，言葉という道具を自由自在に使い，いろんなものが想像出来，頭の中で空想出来る。それで学習していくのです。けれど基本的に，乳幼児から積み上げてきたものと，小学校の初めのあたり，あるいは保育園や幼稚園の終わりの頃，4歳，5歳頃に体験したものとまぜあわすことをやっていない場合，言われたことは「そうかそうか」と頭の中に入れていっても，記銘度が少ない。試験がすめば忘れちゃう。パッーと入って抜けてって，何て言うかといえば，どうせ入れることが多いから少し抜かなきゃ後から入っていかない，なんてことをおっしゃるわけです。そういう方は，どこかスッポ抜かしたのか，あるいは記銘しているかのごとくに思っていても記銘度が少なかったのかして，今日に至っているわけです。あとで，低い段階がスッポ抜けたときにどうするか，という話をいたしますから，あまり深刻な顔をしないで下さい。

遊びと認知の発達　　子どものときよく遊んだというのは，あとで高度な認知手段に訴えて，低い段階における遊んだ体験と上手に絡み合わせていけば，非常に強い認知，認識手段をもっているということになる。子どもを発達させていくためには，そういう段階のすべてでその体験を積み上げていかなければいけないのです。かつての子どもは，そんなことを親が知らなくても，保母さんが知らなくても，勝手に放りだ

されていたから，そこらへんで遊んで，自然にやってのけていたのです。川があれば，水の中は面白いなってジッと見つめてるでしょ，手を突っこんで冷めたい，冷めたい，でしょ，冷めたくなかったら，手にずうっと当たっている水をかきまわしてみるでしょ。さんざんこうやって手を突っこんでヒュッとかきまぜて，また手を突っこんでかきまぜて，またこうやって何度もやってますよ。私，やった覚えがある。流れが来ますね。この中に，手を突っこみますね。こっち側から流れて来てここに当たるのと，こうやってこっち側に当たるのと，当たる感触が違うんです。何度もこうしてやった覚えがあります。親の目が届かないところで体験をさんざんやった上に，今度は，春の小川はさらさらいくよ，なんて言うと，ただざらさらでなくって，その感覚が，この歌と一緒に循環する，こういうことを昔の子どもはやったのです。

保育士の代行作用　保育園のなかで皆さん方，子どもに自然観察をちゃんとさせていらっしゃるでしょう。だけど，ちゃんと観察させようという意図が見え見えであるし，この観察によって何を子どもに植えつけようとしているのかという意図が，また見え見えだから，その意図で子どもがそれを体験しないと気になるわけです。ほら黄色だ，黄色だ，イチョウが黄色だ黄色だ，そればっかりわめいたりしてですね。子どもは，秋が来た，イチョウが黄色だ，黄色だっていうよりも，そんなものあとだっていくらも出来るのです。子どもが自分の目で見て自分でさわってみて，遠感や近感や，いろんなものを使って得た印象を，頭の中にこうポッと入れれば，これを前のとこ嚙み合わせて必ず，「なんだ？」という好奇心や興味がでてくる。子どもの心になんだ？　おもしろいぞ，またやろう，やってみよう，と，こうくれば，ニコニコニコと笑ってまたやるでしょう，これが目の輝きなのです。

　ところがそういうことをする前に，皆さん方が用意して，黄色よ黄色よ見てごらん，いくつ拾ったか数えましょ，なんてね，やるわけですよ。1枚，2枚……皿屋敷じゃないけれど，もしそんなことすれば，これが私がよく言う，保母による代行作用なのです。子どもは代行しなければ前に進まないと言うけれど，その乳幼児期はどういう時期かと言えば，1人1人が循環させて，古いのと新しいの

とを自分で組み合わせて，認知をしていく体験をさせるときなのです。そのときに代行をしつつ早くさっさと行けっていうのは，結局，肌触りのぬくもりを体験させないで，目でこうやる顔を教えるのと同じです。親らしい顔も見せないで赤ちゃんに「わたしは優しいのよ」などと言葉で教えたりしたって，意味ないでしょ。

　こういうことを考えると，現代の子どもたちは目を輝かせない，何だろうという好奇心が減っている，与えられるのを待っている，そして考えるがごとくに見えながら，実は自分の細胞をたくさん使ってその間の配線を作りながら考えていく，ということが乏しい，言われた通りに受け取って，それを頭の中に覚えていることが考えることであると，間違って発達しているわけが分かるのです。乳幼児期は，一番基本的な，発達的変化が起きるときで，そのときに記憶が出来るのです。

私はどのように育てられたか──2

　そう考えますと私は，自分が現代の乳幼児でなくてよかったとしみじみ思います。どういう幼年期を過ごしたか，ということが現在の私のものの考え方のなかにチャンとあるのです。私は佐賀で生まれて，新潟に行って，青森に行って，鳥取に行って，名古屋に行って，富山に行って，熊本に行って，東京に行って，また名古屋に行って，神戸に行って，東京へ行きました。佐賀は満1歳のときまで，満1歳で新潟へ行きました。新潟までは覚えていない。2歳半で青森へ行った，青森から覚えている。ところがその青森の記憶たるや，面白いのです。

リンゴとキャラメル

　私が2歳7カ月のとき，妹が生まれました。母親のお腹が大きいときにおばあちゃんが手伝いと称して遊びにきた，それで私，おばあちゃんにリンゴ園に連れて行ってもらった記憶がある。ところがそのときの記憶，リンゴなんて何も覚えていないのです。赤かったんだかなんだか，なんにも分からない，なんでリンゴ園を覚えているかと言うと，そのおばあちゃんが私にリンゴ園に入ってすぐに，今のキャラメル，その頃水なし飴っていうのがあったのですが，ちょうどキャラメルのような箱に入っているの。それを1箱買って，私に渡してくれた。私はそんなものを1箱ごともらったことなどな

い，母親はそんなことしないから。だからもう本当に嬉しかったのです。どんな食べ物か知らないけど，宝物みたいなの。それでポケットに入れた。ポケットに入れたけどもこれが心配で心配でしょうがない，気になって気になって，押さえながら歩いた。そして時々開けて見て，またおさえて歩いた。それだけ覚えている。リンゴはなんにも覚えていない。それが私の記憶であって人に言われたことではないことは，母はそんなこと知らなかったことでわかります。押さえた感触，少し角張ったような箱がポケットの中に入っている，食べないのです。リンゴがなっているのを目で見たと思いますが，それは全然覚えてない，これ，なんで覚えていると思いますか？　この手のひらの四角い感触，その上，甘いものが食べられるという自分の欲求です。そういう欲求と喜びと，それから目の前の感触を結びつけながら，でも食べないでこうやって歩いてた，この体験が私の最初の記憶です。

欲求と記銘

それから２つ目の記憶は，やはり青森なんですが，私のすぐ上の姉が幼稚園に行っていたときのこと，雪が深いので冬になると迎えの車が来る，今みたいな上等なのでない，昔のごみ車みたいな四角い木の箱の入ったものをおじいさんが引いてくるのです。そして，方々の家に止まっては１人ずつ子どもを乗せて幼稚園まで連れていくわけ。それが家へ来るのを，私は見送りに出たという覚えがある，姉が緑色のフードのついたマントを着て，そこへ乗りこんだという視覚的なイメージです。なぜ覚えているかというとそれは私も行きたいからです。そういう欲求があったから，記憶になるわけですね。

それからもう１つ青森で覚えているのは，家からちょっと斜めに入った浅見さんという家，そこに，私より５つくらい上のお姉さんがいて，よく私と遊んでくれたのです。そこの家の玄関がガラガラガラという引き戸です，格子戸。それを開けた覚えがある。ガラガラガラと。そこへ上がるとトランプをしてくれる。トランプがなぜ私に大きな印象だったかというと，なにしろ２歳半ですからね，うちでは私はミソッカスで，姉たちは私が入るとかきまわすからって入れてくれないわけです。ところが浅見さんちでは５歳くらい上のお姉ちゃんがちゃんと私にトランプを教えてくれた，やってくれた。だからそのガラガラガラガラとか，緑のマントとか，水無し飴とか，

みんな喜びとか要求と結びついた部分は記銘されている。

　その頃，私にお守（もり）がついていた，そのお守が頭痛持ちだったんだそうです。家にいると頭痛がするからって，近所の松林へ私を連れて出かけていく。自分はそこらへんにベタッと座り込んで私を勝手に遊ばせておく。松林の中で，まつボックリ拾ったりかきまわしたり，何やってもそのお守さん何にも言わないわけです。だからもうしたい放題のことをして1時間半くらいその松林で遊んでいた。これはたぶん，キラキラした目で，物を見つけ，それを自分流のやり方で楽しんで，身体を使って，頭を使って，子どもなりにやったという，1つの大きな私の発達の基礎になっているのだろうと思います。

　私は前にも申しましたように，亡くなった兄をいれれば4人目，兄を抜かせば3人目で，親が私をとっつかまえて何かするなんて段階はとっくになくなっていました。もう育児のベテランで，すぐまた下に妹が生まれましたから，放り出されていたわけです。だから，私は自分の目を働かせ，自分の頭をその低い段階にフィードバックしていく，というチャンスが与えられたことを，本当に嬉しく思っています。私の一番上の姉はそういうチャンスを与えられなかった。初孫ですからみんなでいじくりまわした，そしていろんなものを教えた，だからその姉は大変大人っぽくて，勉強をシコシコしました。自分の思想を彼女なりにもっていたとは思いますけども，ものを考えていくプロセスにおいては，私とは違ったと思うのです。それは親が彼女の代行をしているからです。

　皆様方，これからご自分のお子さんをお持ちになると思います。今いくら若い方だってあと何十年か経てば孫が生まれます。その人たちが育っていくときに，人間が発達する存在であるということは，こういう経過をふまえている，ということを理解してほしいのです。それを伸ばしてやらないで，何を伸ばすのですか。私は本当にそう思います。こういうものの考え方を皆様方に私は残していきたい。

　それで，またここへ戻りますけども，このごろの子どもは，何でもほしいものがたくさんあるから，何を見てもハッとしてほしいと思わない，だから目が輝かない，というのではないのです，自分の目を輝かせて，低い段階のなかで考えていって，高い段階の認識を

組み合わせていく，という体験を十分させてもらってない。これが猫の目現象でなくてなんでしょうか，と私は思います。だから皆様方だって，そういう形で発達を遂げていっていたら，今のあなたの思考過程はもっと違っているでしょう。私は，私がこうなのは遺伝のせいだ，なんて思わないですよ。あなたたちもある意味の発達阻害と発達の偏りをもって今日に来ているのだから，自分の遺伝を受け継いだ子どもに，そういうチャンスを与えてやる，という考え方をすべきだと思うのです。もしもあなたたちが保育をなさるんだったら，そういうものの見方で子どもを考えてほしいと思います。そうなると，保育とはどうなるか，というのはまた後の段階の話しになります。

しつけをどう考えるか

さて，目の輝かないことでこんなに時間がかかってしまった。こういうことでもともとリセプター，受接そのものにも問題があるわけですね。だけど受接は受接だけで働くのではなくて，今申しましたように，オモシロイゾと思う，つまり興味とか意欲とかがあれば，よけい目が輝くわけです。それは体験ともフィードバックしていきます。行動の系を作っていくというのは，大脳だけの配線ではない。脳の中に視床下部がある。ここの視床下部あたりに，脳梁がある。この辺が問題で，たとえば私たちの寝たり起きたりという睡眠中枢もそこにありますし，性欲もあれば食欲もある。それが，中枢のなかで相並んで，片方が食欲を興奮させる中枢，隣に食欲を抑制する中枢がある。だからたとえばそこら辺に脳腫瘍が出来た場合に，ちょっとずれてこっちに出来ると猛烈に食欲が抗進する。ちょっとずれてこっちに出来ると食欲が全部減退する，そういうような中枢をもっております。

私たちはこの中枢が働くことによって，お腹がすいた，食べたいなぁと思う。けれども食べると言うことはそれだけではない，脳の細胞が関係してくるのです。はじめ赤ん坊は，それこそ低い段階でお腹がすけばギャーと泣く，そしてオッパイを口にくわえてゴクゴクゴクと飲みますよね。ところが，だんだんだんだん，飲んだ体験と上位の脳細胞とが一緒になります。その間でフィードバックが起

きるのです。お腹がすいて食べたくなることと、脳のものを考えるところとが一緒になってきます。だから、お母さんがあれを出した、そろそろ食事だぞ、と思って待っていることも出来る。そういう脳のサインがないうちは、お腹がすけば待てないわけです、ギャーと泣く。ところが脳がサインしてきて、この視覚とリセプターとの関係がきちんと出来てくると、お母さんがミルクを見せてもうすぐだよ、もうすぐだよと言うと、これからまたイメージが湧くから、すぐ来るぞという期待に燃えて30秒だけキャッキャッといって待つ。だけど30秒たつと下位の食欲中枢の方が強くなるからまたギャーと泣く。こういうことを繰り返しながら、今度は15分でも茶碗叩いて待っていることが出来るようになるわけです。そういうふうに、私たちの食事1つとってみても、人間の発達は、複雑なものがいろいろ組合わさって起こってくるのです。

しつけ　　そこで皆様方に考えていただきたいのは、たとえばしつけをする場合のことです。よく皆さん、食事のしつけ、排泄のしつけ、手を洗うしつけ、寝たり起きたりするしつけ、みんな機械的に同じようにしつけられると思っている。ところがこの循環から考えていけばみんな違う。たとえば排泄の場合には、したい、というのが先に来るし、食事なら食べたい、というのが先にくる。これ、生理的なものですね。だけど手を洗いたいなんて衝動は起こってきますか。こんにちは、さようなら、と言え、言え、なんてしつけるけれど、これは食事の場合とは全然違うんです。同じく基本的生活習慣のしつけと言いましても、1つ1つ何がサインするかということによって、何をしつけるかというのが違ってくるのです。たとえば自分の衝動や要求が先に出てくるような行動に対するしつけを、うっかり形式の方から先に始めますと、要求をつぶします。食べたくない、というように。

食事のしつけ　　親は「そんなこと言わないで、栄養です、食べなさい」「シーン」こう言うようになる。すると親は、飲んでくれません、食べてくれません、なんて言ってくる。そんなとき私は、丸一日、ひぼしにしてご覧、と言うのです。お腹すいたという要求を先に出させて、今度はマナーなどどうでもいいから、手づかみでも何ででも食べさせちゃう。おいしかったって味を先に体験させなさいって言うのです。

するとそんな野蛮なことはしたくないと言われます。人間って，赤ん坊はもともと野蛮なんですよ，そうじゃないですか。皮質の抑制なんてそんなにたくさん効いていないのだから，その段階では。次の段階でマナーを考えてコントロールしながら食事をする方向にもっていけばいいのでしょ。

オシッコのしつけ　次はオシッコ。したいという要求が起こればいいのですけど，したいという要求を起こさせないでおいてオネショをさせまいとするから，オネショになっちゃうのですよ。前に私，高名な精神科医の話をしたことがあると思う。彼のお母さん，あまり子育てが上手でなくて，とび歩いていました。「それにしてはあなた，人間性豊かだから誰か可愛がってくれた人がいたでしょ」って言ったら，ばあやが坊っちゃま坊っちゃま，坊っちゃまって可愛がったんだそうです。それで彼は，そのばあやにペッタリとくっついていたのです。それで２歳くらいになったとき，夜中にオネショをしちゃかわいそうだって，そのばあやが，彼を夜中に何度も起こしてトイレへ連れていくわけです。だから子ども時代ずっと１回もオネショしたことない。ところが小学校５年のときにそのばあやが急死したのです。それで彼は三日三晩泣いたそうです。ボクはね，母親が死んでもきっと泣かなかったに違いないと言うのです。５年生のときにそのばあやが死んだあと，盛大にオネショが始まった。したいという感覚が育ってないのですよ。昼間はたれ流しするわけじゃない，昼間は目がさめているから，何もトレーニングしないだってしたいという感覚は大脳にきます。だから，ちゃんと昼間はやるわけです。ところが，夜は脳が寝ています。寝ていても，したくなったという刺激が上へあがってきたときに，目覚めを促すような刺激でそれを受け止めなきゃならない。ところがそういう体験を１度もしないで，坊っちゃま，坊っちゃまで起こされ，なかば眠りかけてオシッコを２回ずつやっていたでしょ，なんにも育ってないんです。だから，急にばあやがいなくなって，代行された部分を自分が獲得出来るまでに３年間かかるわけですね。今日はオネショしないぞ，といろいろ言いきかせたりするんだけれど，またしちゃう。しない日があったり，する日があったりしながら，ちょうど３年間かかったのだそうです。中学２年の終わりか３年くらいまでオネショをしつづけた。でもそ

の後は目覚めを促す刺激が成立したから,あとはオネショをしない。

　熊本で1日,私は彼と2人,お母さん方のしつけの質問に答える会なんてところに出席させられました。2人でこう並んでね,いろいろな話をして,お母さんからオネショの話がでたら,彼はその話をするわけです。みんなゲラゲラゲラゲラ笑いました。私は少し彼の肩をもたなきゃいけないと思って,だからお母さんたち,あまりオネショのこと気にしなさんな,小学校の5年から中学3年まで盛大にオネショをしても,こういうちゃんと立派な人ができる,オネショぐらい気にしない方がいいよって言ったら,またみんなギャーッと笑ったんです。これだって私たち,どういうふうにその感覚を育てて,それによってどういうふうに自分をコントロールするかという行動を育てなければ,どうにもならないじゃありませんか。だから,初めはオネショさせなさいって言うのです。自分で目をさまさせなさい,3カ月や4カ月,濡れたっていい。あとで小学校の5年になってから盛大にオネショすると,後始末も大変だし臭いもきついし,布団もたくさん濡れるし,大変なんです。だから私たちはそういうものを,ちゃんと育てていかなきゃならないわけです。

手洗いのしつけ　それとたとえば手洗いというような場合,子どもに手を洗うという要求は全然ないんです。そこで手洗いを教えますと,子どもはよく水遊びをしてしまいます。ジャーッと出して石鹸ブクブク水遊びするでしょ。そんなことしないでって言っても無理なのです。食事をしたい,オシッコが出たいというのは,せずにはいられない要求が先にあります。それに私たちがどうやってやるかという礼儀作法をのせて教えていくのがしつけです。寝るのだって眠くなるっていうのがあるのですよ。ところが子どもの方には,手を洗わねばならない必然性はどこにもない。ばい菌がついてバッチイバッチイって言ったって,子どもの方は,バッチクたってどうだっていいのだから。水を使わせれば,水の面白さの方が先にたつ。ビヤーッとやったらこれは面白い。だから,もしそれをさせまいと思うなら,あんまり早くから手洗いなどさせないで,熱いタオルで拭いてやるだけ,拭いてやったら,きれいになった,きれいになった,とってもきれいになったってほめてやるわけです。きれいになったということが喜びになるから,今度はきれいにするという喜びが出て,それでし

つけるのです。だから皆さんがそういう要求のないものをおしつけるときは，お腹がすいたとか，オシッコ出たいとかいうのにあたるような要求と喜びを，どうちがえて与えていくかを考える方が先でしょ。それをやらないで，みんな同じにしつけることは間違っています。

要求としつけの循環を

ですから私たちが人間の行動をしつけるとか教えるとかいうときは，中から出てくる要求，あるいはそれが面白かったり，楽しかったり，そこで満足が起こったりする，ということと，その行動を，いかにして循環する形にもっていかれるかを一番先に考えるべきです。またあとでいろいろお話いたしますが，皆さん方の保育のなかでも，たとえば子どもにある課題をさせたい，こういうことをしたいと思うときは，まず最初に，どうやって目を輝かさせ，どうやって面白いぞって思わせようか，そしてどうやって，やったあー，楽しかった，もっとやりたいって気持ちを起こさせようか，これを考えることが一番先ですね。それがたとえばダンスであろうが，いもむしゴロゴロの遊びであろうが，絵を描くことだろうが，食事であろうが，ジュースの時間であろうが，みんなそうです。ところが私たちはうっかりいたしますと，自分がそういうようにして育ってきたことを忘れているのです。それで，人間の学習可能性にへんに信頼をもってしまう。それをさせればみんな上達して，能力がついてくるのだ，と思いこんでしまう，とんでもない間違いだと私は思います。

考える体制づくり

皆様方のなかでいろいろの能力が開発されてきた方は，どこかの時点で，親ないし教師，またはまわりの方があなたたちに興味をもたせて，それが楽しくてたまらないというチャンスを与えてくれていたと思います。それを与えられなかった人は，自分の行動体制の能力に偏りと歪みが起こっていると考えてよい。だから，何か欠陥があったり，どこかに病的な欠落がないかぎり，みんな同じ能力をもっている，それがどこかで押しつぶされて，そういう形の循環を，最初の段階であおりたててもらえなかった，と考えてよいと思います。

下の子はトク　そういう意味で3人目，4人目の子は大変面白い，いろんな興味のチャンスを与えられているはずです。私は3人目に生まれてよかった。一番上の姉がとっつかまって書取りなんかさせられている，次の姉が絵本をひろげて，読んでもらっている，私はそのまわりを，くるくるくるくるまわりながら，面白いなーと思って聞いている。姉たちは面白いと思っていないから頭に入っていかないけれど，私は面白い面白いって見ているから頭に入っていく。二番目の姉よりも私の方が先に覚えてしまって，ペラペラペラとしゃべる。読んでくれている人は，ほら，ヒロコさんの方が先に覚えた，あなた，負けちゃいけないとかやるわけです。姉はプッと怒って，あっち行けと言う。私は面白いから，そこでクルクルクルと3回くらいまわって，また言うわけです。この姉のやってもらっていることが私の興味を開発しているのです。私は一番上に生まれたら，絶対に私の現在の考える体制はできなかったと思う。

　今のお母さんが2人で子づくりをやめるというのは，もしかしたら，自分の遺伝的素因をもっと大きく開発すべきチャンスをつぶしているかもしれない。だから，最初の子からこういうことを知って循環させてもらいたい。自分の子どもにそういうチャンスを与えるのが，最も意図的な教育です。私たち，サルじゃないんだから，ただ抱きしめて放り出しておく，というのではいけない。子どもに何を与えるべきかを考えることです。そう考えますと，たとえば意欲に乏しい，興味がない，深く考えない，とかいうのは，ある意味における発達阻害として考えられるのではないでしょうか。この循環を次から次へと積みあげて，自分のなかでピックアップして洞察するということが育っていなければ，もらった情報もパッとそのまま返していくという思考過程が優位になります。これが，パッパッと**反射的思考**　反射的にものを知っているように見えながら，自分で考えない子どもです。これも子どものときの低い段階における考える体制を段階的に経過していないからだと私は思います。どうぞ，皆様方の子どもと孫は遊ばせて下さい。

　そう言うと，また親はやっきになって遊べ遊べとばかりに，次から次へと遊びをつくりだします。これ保育園の中でもあります。子どもを遊ばせましょうと，昔のわらべ歌，なんとかかんとかの研究

会などがあるのです。これがあってもちっともかまわないと思いますが、あなたたちが踊って遊んでいるんですね。そこに手づくりの遊具をもちこむ。今度は作りましょうと作っていくと、これはこういう遊び方である、という指示教示雨あられになるのです。それで「面白いだろう、面白いだろう」と言うんですよ。子どもは保母さんたちが作ってくれて、嬉しくて楽しいから、ほしいほしいと興味をもつ。こんなのを作ったら子どもがみんな興味をもちました、などと発表するわけです。興味もちますよ、そこらへんに売っているのじゃないから。これでどう遊ぶかといえば、我々の伝統的方式通りにいかないのは当り前です。そうなると1列整列かかとに爪先サッサッサッ、と同じことを、わらべ歌やわらべ遊びでやるんです。

　私がなんで、かかとに爪先サッサッサッ、を覚えているかというと、幼稚園のころ、かかとに爪先サッサッサッってよくさせられたのです。私に記銘されていますよ、何度も何度もくりかえしてやったから。だけどそれ以外の何物でもないわけです。ある種の遊びで面白かったという印象はあるかもしれないけれど、あなたたちがわらべ歌の伝承のなかに存在する何を子どもに伝えようとしているか、ということは、あまり子どもには関わりがありません。だから1つの手段として、面白い解放のチャンスを与えるためにお使いになるのはかまわない、それはちっともかまわないし、また大事なことだと思う。だけど子どもの心を育てる上では、もう少し違ったものを考えなければいけない、と私は考えます。

相手の痛みが分かるとは

　　　　最初に、いろんなことを1つ1つ考えてみると申しました。さて、今の子が人のことを考えない、自分のことばっかり考えると言いますね。この前もちょっとお話したかもしれませんけれども、共同通信の人に例の目黒事件(1988年7月、東京の目黒区で中学2年の少年が同居の祖母、父母の3人を殺害した事件)のあと相談をうけました。その事件を親たちがどのように受け止め、それに関連して現代の子ども像をどのようにとらえているか、2000人にアンケートといいますか、インタビューをしたい、ということで、5人ほど相手にいろいろ教えてあげました。それで2055人インタビューをやった結果が、コン

親の世代差

ピュータによる解析で山ほどのデータになって出てきた。そのデータをもってまた相談に来た。そこでいろいろクロス集計の仕方を教えてあげた。そうすると，だいたい親の年齢の30歳から40歳がものの考え方の転換期です。50歳，60歳の親は古風なものの考え方で，あんな事件，考えも及ばなかった，ありえないことだと思ったと考えるわけです。ところが30，40歳あたりになると，起こり得ることだ，自分の家にももしかしたら起きるかもしれないと言う。またああいう事件を聞いたあと，家庭の中で親子関係が変わったことがあるかときかれると，50代，60代の親は変わったことはないと言いますが，30代，40代の親は，変わってきているのです。話し合うようになった，子どもの行動によく注意をするようになった，夫婦で語り合うことが多くなった，とかいうのが出てくる。20代になるとまたケロリですね，そんなことは私の家では起こり得ないと言っている。

あるいはまた，30，40代の親たちが現代の子ども像をどうとらえているかというと，第1位は，自分に責任をもたない，自立していない，これが最高位です。2番目が自分勝手だ，です。子どもたちを自立してなくて自分勝手である，ととらえている。これはどんな発達阻害なんだろう，乳幼児期になにか問題があったのだろうか。現代のああいう事件と結びつけて，親たちが今一番気にしているのは，自立していなくて自分勝手だ，です。そのことについて，乳幼児期の発達に何か責任があるだろうか。

皆様方の保育園では，子どもたちに仲よく仲よく，ということを言います。叩いたり，泣いたり大騒ぎが始まりますと，叩かないの，叩かないの，仲よくしなきゃ，お手手つないで，なんてやらせます。お手手をつないでニッコリしたかと思うと15分後にまたビャーンとやっています。保育園の場合，これをどのようにしたら自分勝手にならないだろうか。私たちはもともと1人1人が自分勝手なんですよ。乳幼児に相手の痛みなんて分からないのです。そうでしょう？

乳幼児に相手の痛みは分からない

乳児が分かるのは，お母さんが何か具合が悪くて抱く手に力がない，何か人相が悪くてボケッとなっている，それをボンヤリした近感でとらえる。それで，お乳の飲みが悪くなったり，不安定になって夜泣きをしたりする。5，6カ月の子どもが母親の感情的な動揺で

自分の生活のリズムを崩していくのは、何も洞察して「この人相だったらどこかに悪いところがあるんじゃないか、私は母親の痛みが分かり、それとともに人の痛みが分かる人間で、おかしくなった」などというのではないのです。安定感をもつ相手にくずれが出てきたのを自分の近感で感じとる、ということはあるけれども、相手の痛みが分かる人間ではない。

相手の痛みが分かるには　相手の痛みが分かる人間になっていくのはいつごろからか。満1歳半過ぎて、自分が活動して、強い要求をもち、勝手なことをやっているうちに相手にふれ、相手にぶつかったら相手が泣いた、というときがチャンスですね。そういうとき親はたいていどうするか。叱るんです。ダメッ、どうしてそんな悪いことするのっ、泣いてるじゃないの、ごめんなさいしなさい。そこで素直な子どもはなんだか分からないけど「ごめんなさい」って言う。ごめんなさい言ったんだからそれでいい、こういうやり方をするわけです。これで相手を分かる人間が出来るだろうか。相手が自分のように悲しがったり、楽しかったりする人間であるということを分からせていくためには、子ども同士の接触より大人との関係で分からせる必要がある。

　お母さんが、子どもが何かいいことをしたときに、ありがとう、お母さん嬉しいよ、ってニッコリ笑う。そうするとそこで共感が起こってくる。たいていのお母さんとか保母さんは、あなたがしたこと、私嬉しい、ありがとうって自分の喜びを相手に分からせるよりも、説教が先なのです。子どもの理性、認知に訴えて、これはいけないことである、目でとらえたら泣いている、これはお前のしでかしたことだ、「分かったか分かったか」とこうくるのです。そうじゃなくて、泣いてたら悲しいよ、悲しいから泣いてるじゃないか、悲しいよね。かわいそうね。悲しいということを本人にこう言いきかせてやる、それを先にすべきなのです。そうすると、その子のわりあい発動しやすい情緒で、今、この現在見ている視覚、目でとらえた、遠感でとらえたあの表情は、どういう気持ちをもっているかということをとらえるのに役に立つわけです。

　それと同時に、慰めるということ、いい子いい子するってことは、いやな気持ちでは出来ない。これが子どもにとって難しければ大人が先にするのです。だから保母さんが受持ちの子どもに対して、朝、

おはようっていうときニッコリ笑えとよく言うわね。それよりも，関わり合いをもったとき，子どもがおはようと元気に言ったら，先生がニコッと笑い，それを目でとらえさせて，楽しいおはようだったね，って喜んでやる。そうするとそこに関わりが出来る。自分勝手でない関わりが出来てくるじゃないですか。子ども同士の関わりの問題は，それが先なのです，だから，子どもを育てる場合，親だったら親が，子どもに対して嬉しくてたまらないと喜んでやる。そして子どもが悲しかったら親も悲しい，子どもが悪いことをしたら，ダメーと怒るよりも，お母さんは悲しい，という悲しみを子どもに伝えていく。そこで自分の認知でとらえた人間が，自分の行動によって悲しんだり喜んだり，いろんなことをするということを，子どもが自分の感情の興奮とともに受けとめるのです。これが大事なのです。悲しいのか，そうかい，というのではないのです。それが，相手のことが分かる人間の基本的な体制なのです，これは，もう1歳半からできます。

**ともに喜ぶ保育
一緒に悲しむ保育**

だから皆様方，1歳児の保育のなかに，そういうともに喜ぶ保育，一緒に悲しむ保育を，もっともっととり入れていいと思います。社会的行動が何とかかんとか，領域がどうとかこうとかというよりも，あなたたちは，一緒に喜び一緒に悲しみなさい。そして，子どもの行動の系が，見た相手の人間によって，感動や，感情が発動するように開発していく。そしてあとは子どもたちのなかで放っておくのです。そして，子どもたちのなかでトラブルが起こったら，今の方式で，駆けつけていって相手を叱るよりも，何ちゃん悲しいって言ってるよ，という形で一緒に悲しんでいく。こういうやり方をもっともっととるべきだと思います。

家族に代わる保育の機能

前に皆さん方にお話したように，かつては保育園や幼稚園でそういうことをしないでも，家庭のなかに10人子どもがいる，5人子どもがいるというときは，子ども同士の間にそれがあった。私，11人の兄弟の話のなかで，皆さん方がお笑いになる，食事のお菜の話をよくしたでしょ。たくさん子どもがいればケンカはしても，お互い同士の間には，自分の嫌いな人参食べてもらった兄さんあり，ほし

かったサツマイモのしっぽをくれた相手あり，サツマイモのしっぽを貰ったときはボウーッと喜びが湧いてくる。芋くれたお姉ちゃんのイメージでボウーッと喜びが湧くわけです。そういうのをさんざん兄弟同士でやっているのです。11人でなくたって4人でも5人でもやります。私は大分妹にやられました。おやつを貰って，ちゃんとその場で食べないことがあるのです。ちょっと残してあとから食べようと思っていると，妹の方から葉書がくるのです「お供物よこせ，くれないとひどいぞ，けちけちするな」。しょうがないね，半分あげようか，って，半分，妹にやると，ニッコリ笑った顔が可愛いから，またお供物よこせというのがくると，つい半分やるようになる。そういうようなことで養われた人との関わりがあるから，幼稚園に行ったとき，小学校行ったとき，ほかの人との関わりに，自分勝手ではなく，あの人相が出てきたときは，自分を抑制する，ということが割合に容易になるのです。今では家の中に2人しかいないから，みんな同じように育てる。そういう場面は自然には起こらないから，学校に行ったとき，誰がどんな顔したって情緒が起こってこない。だから勝手にしてるんだって，シラーッとしている。他の人がどんなに悲しんでもみんな知らん顔しているというのは，基本的にそういう悲しみの人相に対して情動の湧いてくる場面が，家庭の中で非常に少なくなっているということです。

　そうであるならば，乳幼児期の子どもをかかえている皆さん方のなかで，家庭に代わる機能を働かせて下さい。子どもたちがたくさんいるんですから，関係はこと欠かないわけです。たとえば大げんかが始まったり，何かしたときにただ引き分けたり，個々の1人1人が情動をもってこの子を見ていることは保育とは関係ないと考えたり，ケンカが起こったときだけ，私たちはどうにかしなければと考えたりしてはいけない。そうではなくて，家庭にそういう機能がなくなったのだから，子どもたちがたくさんいる集団のなかでそういうことを体験させることの方が，四季の移り変わりを観察することよりよっぽど大事だと思って下さい。集団のチームでなにかをしようなどということより大事だと思います。

保育の専門性　　現代の子どもたちは，ある意味において家庭の中で，私たちが自然に体験的に発達させられたものも，発達させられないでいる。け

れども保育園という場が非常にふえてきて，そのなかには子どもがたくさんいて，「専門家」と称せられる皆さん方がいる。専門家とは言わない，称せられるんですよ。ですからその称せられる皆様方がそこまで考えた場合に，この人的資源と発達の場面とをどうお使いになるかによって，その専門性が試されるのではないでしょうか。現代の子どもの発達に対して，私たちは親が2人しか生まないから悪いとか，家庭の中で要求をつぶしているから悪いとか言わないで，何が出来るか考えて下さい。そういう意味で保育園の保育作用とは何かということに，次の次の回でつなげていきますが，そのつなげる前に子どもを育てる環境的な条件を，次回にうんと分析したい。それから次に，保育作用とは何か，ということを考えていくことにします。

　今日は今の子の陥りやすい，いろんな具体的な例を出しました。要求を，自分を，押さえることが出来ない子どもが多い。子どもが10人もいれば，食事のたびに自分のお肉が一番小さいなと思いながらも，ウーンといっていると，次の芋がとれなくなるから，ぐっと抑えて，気を取り直して芋にとりかからねばいけない。そういう場面が与えられたから，小さなうちから欲求不満を自分で抑えることが体験的に出来てきた。欲求不満はこの視床下部あたりにあるのです。この肉を見る，自分の肉の大きさと兄ちゃんの大きさを見る，目で見るわけですよ。途端にこの小ささは，小さいぞっていうだけでなくて，この下部大脳の条件反射で欲求不満をブーッと引き起こす。いくらブーッといっても大きい肉には変わらない，そして芋がなくなる。そういう形になりますと，体験的にブーッと起こってきたときに，この小ちゃいのと大きいのを見ながら，自分の欲求をぐっと抑え，気を取り直すのです。そして今度は心を燃やして芋にとりかかる，こういうことが出来たんです。この例，あまり話したものですから，この間，この体験をもつ方とちょっと対談したのですが，彼が言うには，岡先生，よく宣伝してくれちゃった，だから，ぼくのあの芋の話はみんな知っているよ，なんて言われてしまいました。だけどもね，これはいい意味で言っているのです。そこで何が起こったか，皆さん方だって，兄弟が何人かいれば，ある兄ちゃ

んから殴られてくやしいと思いながら我慢をしたり，ある兄ちゃんは優しいから好きになったり，今度は妹につきあげられて自分を抑えたり，さんざんしているじゃないですか。

　兄弟げんかをしても，お母さんが時々うるさいというだけで知らん顔になる，そういう体験のなかで，私たちの行動の系はどういう体制がとれるだろうか。皮質の発達は，考えるだけではない，下位の機能を支配する。たとえば衝動的な反射とか衝動的な動きとかを支配する。興奮だって非常に低い段階の興奮をきちっと押さえて，自分の新しいイメージのものに変えていくことが出来る，それが発達なのです。

　そうだったら，要求を通してやれば円満な子どもができる，などと考えてはいけない。要求に沿っている間だけ円満，欲求不満を抑えることができにくい。抑えて平安な心になれないから，ひとたび要求が通らないことになったら，一遍に爆発するのです。殺してやれとね。これはやはり，発達阻害です。なぜかというと，人間の大脳はただ知識をつめこむだけのものではなくて，低次のいろんな機能を抑えたり，コントロールしたり，ある形を与えたりする能力をもっている。それがちゃんと配線して，通電して，きちんと出来るようになっていくのが人間ならば，それが出来ないことはやはり発達阻害です。もしかするとなり損ないの人間になるかもしれない。そういうことを考えてみると，人間が乳幼児期にやっておくべきことは，一番低いものと高いものとを組み合わせながら展開していくこと，これを一番先にすべきだと思います。

乳幼児期にやっておくべきこと

　現在の子どもの特性を，発達の偏りとは思いません。発達阻害，発達の歪みとして，根本的に考えてみるのが正しいのではないでしょうか。けれど一方では，人間とはそういうものにもなれるという存在なのです。そういうほうにも，こういうほうにもなれる，なれる方向はいろいろあります。どういう環境におかれ，その刺激がどうなったら，このなれるもの，発達するものがどっちになりやすいか，というのは次の問題です。そこで発達を引き出していく環境の問題を，次の段階で徹底的に追求してみようと思います。

第3回
子どもたちが育つ環境

　この前は，発達していく現代の子どもたちが，私の考え方からみた場合にどうなっているのか，ということをお話いたしました。今日はその子どもたちを育てている環境，という問題を少し突っこんで考えてみたいと思います。

　環境の問題は，古くから言いつくされておりまして，環境か，あるいは遺伝か，という言葉で皆様方がよく知っていらっしゃることです。ところがその環境という言葉は，非常に質の違うたくさんの要因を含んでおります。どういう地域に住んでいるかというのは，まぎれもなく私たちがすぐに思いつく環境です。たとえば，私たちは今，日本という1つの地域的環境に住んでおります。その同じ地域的な環境である日本のなかにも，条件の異なるいろんな環境があります。たとえば気候1つとりあげてみましても，ある気候の地方の人たちは，これこれの気質をもっている，ということまで言われます。方々に講演にいきますと，その地方の方が，接待をして下さりながらいろいろなことを聞かせて下さいます。たとえば静岡に行ったとき，教育委員会の方は，「先生，ご存じのように静岡県人というのは，ポヤッとしているのですよ」と言うのです。なんでポヤッとしているのか聞きますと，ともかく気候は温暖で，大きな変容もないし，そして，昔から物資は豊富で食物に不自由しなかったと。そういうところに住んでいる人は，たとえば，南方の人たち，台風が時々来ることはあっても，果物が豊富で木の下に寝ていれば食べられる，といったところで育った人たちと同じような人間性をもっています。「ああ，あなたは静岡県人ですか，そうです，私もちよっ

と甘いところがございましてとか言います」と。

そのようなことが今，どのくらい本当に通用しているのかはわかりませんけれども，たとえば，先生はどちらの御出身ですかとよくきかれる。「出身ってどういうことですか」「お生まれです」「私は佐賀市で生まれました」「ああ葉隠ですね，道理で」などと言う。私，満1歳までしかいなかったのですよ。じゃ先生，お育ちはどこですかって言うから，わたしは満1歳で新潟に行って，2歳で青森行って，4歳で東京行って，5歳で名古屋行って，7歳で富山行って，9歳で熊本行って，11歳で東京で，13歳でまた名古屋で，15歳で神戸で，16歳で東京です，と言ったら，もうお手上げなのです。じゃ先生，どこが一番強く心のなかに響いていますか？　それはもう条件によって非常に違うと。だから私は葉隠でもなければ，熊本いごっそうでもない。肥後もっこすとかいごっそうとか言いますね。だけど私，熊本に1年と3カ月いましたが，そのなかでどのように熊本という地域が私のなかに入ったか分からないのですが，私たちは地域的な条件のなかで，1つの人間形成を行っているということも確かでございます。

だからたとえば，非常に温暖な気候のなかで育った人とそうでない人とは違うだろうし，過酷な熱帯地方に住んだ人は，ものが考えられないと言います。やっぱりある意味では進んだ文化が出来るのは，温暖な地域ですね。温暖な地域で，人はものを考える1つの体制をよりつくりやすいと言われます。あるいはまた，この地域のなかには，気象条件だけではなくて，空間という広がりがあることも否めません。日本では，狭いところに大変な人口が押し込められております。これがまた，特別な意味をもつだろうと思います。

都市化のなかの乳幼児

approximation

皆様方，approximation（接近）というものの研究があるのをご存じでしょうか。前に何かのときにお話したことがありますが，approximationというのは，人間がどのくらい接近しているかによって，相互の間の影響の受け方が異なり，どういう気分にさせられるかが違ってくる，ということを調べるものです。あなたたち6人と私とで7人いたとします。この7人がバスを待っている，もっと

20人くらいいたほうがいいかもしれない。それをこの場くらい広い間隔をおいて20人が待つときと、ずっと狭い間隔で並んで待つときとでは、同じ時間待っても、心の中に起こってくるいらだちとか、気分とかが変わってくる、という研究でございます。またたとえば皆さん方が、保育園の中で、採用のときの面接に園長さんとしてお立会いになることがあるかもしれない。この椅子にあなたがいる。そのとき、その人を真正面に座らせるか、斜めに座らせるかによって、採用される側の心理的な安定度が違ってくる。緊迫感や、自分の単なるリラックス度だけではなくて、そのときどのくらいものが考えられて、どのくらい自分をコントロール出来るか、ということまで違ってくる。質問をする側も、相手が真正面に座った状態で話を聞くよりも、斜めの位置にいて聞くほうが、ずっとゆとりができて、人を見る心理状態が確かなものに変わっていきます。approximation という学問はこのようなことについて、1つの法則性を求め、いろんな角度から研究しております。そういう学問からみると、どのくらいの空間の中に、どのくらいの人間が散らばって、どういう形で生活しているかによって、そのなかに育っていく人の人間性は変化していくと考えてもいいのではないでしょうか。

　現代の、とくに東京のような都会では、大変な数の人間が狭い地域に集中しております。この集中した都会の中で、私たちお互いにその一員として生活しているわけです。そうすると、同じ私、同じあなたがその地域によって、一日のなかでどんな気分で行動するかを考えてみましょう。同じようなシチュエーション、同じような刺激が与えられたとします。たとえば忙しかったとか、子どもがどうしたとか、園の中で何かあったとか、調理のおばさんがどうした、というような状況があったときに、あなたが人混みでないところで生活している場合と、人混みの中にいる場合とでは、あなたがカッカとくる度合いも、相手に対してどういう思いやりを発揮するかという度合いも、今、これをどう把握するかという把握の仕方も、変わってくるでしょう。こういう問題を現代の集中化した都市化の現象のなかで、私たちは考えなければなりません。

　11月の24，25，26，と3日間、日本教育心理学会が鳴門教育大学でございます。そのなかの25日の午後、学会のあらゆる発表、あら

ゆる個人発表もシンポジウムも全部ストップして学会のメインの大きなシンポジウムを1つだけいたします。「21世紀に向かう人間を考える」というものです。

私はそこで「都市化のなかの乳幼児」という，皆さんに一番近い問題を話題提供することになっております。そのときに私は，都市化が起こってきたときの乳幼児の育ち方が，以前皆様方にお話したことがある，赤ん坊に肩こりが起こる，夜泣きが多いという問題だけではなくて，人間性を育てる上にどういう問題を提供するだろうかということを話してみたいと思っています。都市化のなかの乳幼児の肩こりの問題は，皆様方には何度もお話したことがありますので覚えていて下さると思いますが，今日，初めて聞く方もいらっしゃるかもしれませんので，ちょっと，繰り返しておきます。

赤ん坊の肩こり　これは今から16年も前のことです。ある小児科のお医者さんと私が雑誌で対談をいたしました。都市化のなかで育っていく人間の問題について，彼は生理的な問題を，私は心理的な問題を考えながら話をいたしました。そのときにその小児科のお医者さん，今は，もう亡くなられましたけども，私に，岡さん，都市化のなかでは赤ん坊が肩こりを起こすんだよ，って言うのです。「えっ，赤ん坊が肩こり？」って言いましたら，自分はある団地に住んでいる，そうすると，親からいろいろな質問を受けるが，赤ん坊が夜泣きをして困る，というのがある。そこで夜泣きの赤ん坊を診察してみると，みんな肩をこらせている。親の話を聞いていてフッと気がついたのが，それを訴えてきた親たちは4階，5階に住んでいるものが多いということだ。それで調査をしてみる気になった。その団地のなかの乳幼児をもっているお母さんたちに調査用紙を出して，生活態度のアンケートをとった。そうしたら，実際に次のようなことが分かった。

ここでは保健婦さんたちが，小児科医と一緒になって乳幼児の育て方の指導をしている。1日1回は外に出ましょう。買物のときはなるべく連れて出て公園で少しゆっくりとした時間を過ごさせましょう。空気に触れて身体を動かさせましょう。そういう指導をしますが，3階以下のお母さんたちは意外とそれを守る。というのは赤ん坊をバギーに乗せて連れだして，買物をして帰ってきても，3階までだったら荷物と赤ん坊を一緒に何とかあげたり，途中までもっ

て行って途中でちょっと荷物をおいて赤ん坊だけ先に放り込んで，また荷物をとってくるということをやるって言うのです。ところが4階，5階の人はどうか。というのはそのころの団地は4，5階どまりで，エレベーターをつけなくてもいいという，そういう団地ですね，そうすると4階，5階まで，この赤ん坊とバギーと今買ってきた荷物を両方釣り上げるのはとっても大変だ。片方を下において片方だけを持っていく，そのときどっちを持っていくかに悩む，と言うのですね。赤ん坊をおいていくわけにいかないから，赤ん坊を先に持っていくけれど，今買ってきたこれをもし取られたらどうしよう，心配だ，そうかといって買ってきた物を先に持っていって赤ん坊が誘拐されたら，よけい大変ですよね。それでどういうことになるかというと，親は赤ん坊が寝たすきにさっと買物に行ってしまう。だから赤ん坊は転がしてある。外から空気が入ってくるように空気を入れたりはするけれども，赤ん坊は外に出て空気に触れて活動するということがない。肩こり現象を起こす，こういう因果関係を彼はつかんだわけです。そこで4，5階の赤ちゃんを買物のとき一緒に連れだすという指導はやめた。1日に1回，買物でないときに赤ん坊だけ抱えて外へ連れだしましょう，と，こういう話に変えました，と彼は言うのです。

　なるほど，そうか，この都市化のなかで，たくさんの人が押し寄せてくると，だんだんだんだん人間のすみかは高層マンションになる。そしてみんながいわばブロイラーの集団みたいな形でこの中にいることになります。ここに住んでいて，そりゃあねえ，地域的に適当である，空気は澄んでいる，ちっとは通勤が不便かも知れないけれど，それを除けばいい環境だ，などと言っているかもしれないけれど，それのかもしだす人間形成への影響は，思わざるところに1つの条件をもたらしていくと考えられます。そうすると同じ地域環境と言っても，いろんな条件がいろんな形で人間を育てることに大きな影響を与えることになります。

子どもと団地

　これは赤ん坊を，親が連れて出るとか出ないとかの問題ですけれども，こういう団地の中で子どもたちは育つ。子どもたちは外に出ない。誘拐魔などが増えてくれば親は外に出したくない。家の中で遊びなさいって言う。部屋の中でドンドコやると，下の階の方にご

迷惑ですよって言われる。それで子どもはしょうがないから廊下とエレベーターで遊ぶわけです。上がったり降りたり上がったり降りたりという遊びになる。

　このエレベーターで上がったり降りたりっていう遊びは，子どもにとって一体どういう面白さがあるのでしょう。もし私たちが自然の空間をもっていて，子どもを放りだしておくならば，もっといろんな面白いものが目に入ってくるでしょう。手を出して何かしたい，というものも出てくるでしょう。ところが団地の中のエレベーターを上がって降りて上がって降りて，18回，それで，ああくたびれたと部屋へ帰ってくる。こういう遊び方をしていた場合に，この子どもの遊んだ体験からつくりだされていく心理体制とは一体何なのだろう，ということを考えるわけです。私たちは自然物に触れれば面白いなと触ってみる，叩いてみる，何か作ってみる，そして何かをするってことになるけれど，エレベーターの中で何作りますか。せいぜいボタン押して，昇って，それでまたボタン押して昇って下がってまた降りて，また慌てて押してそのうちに友だちと競争して友だちが何階で待っている，じゃ，それを通過させようなどと考えてみたり，そういう遊びに変わってくるのです。

自然環境と子ども

　都市化のなかで地域環境が子どもに与える影響は，1つの方向から考えるわけにはいかないものを含んでいます。そこで私たちは自然がなくなった空間は子どもにとってみんなマイナスだろうかということを考える。そしてまた，自然が豊かにある空間は子どもの心を豊かにするだろうか，ということを考えますと，これがまたそうはいかない問題が出てきます。

　これも私，何年か前に皆様方に話したことがあると思いますので，そのときにいらした方はお聞きになったと思いますが，小学校に長年勤めたある先生が，最後にある僻地の校長さんになってよそへ出た。これは私が福井へ講演にいったときに，福井の教育委員会の人から聞かされたことなのです。その人の友だちの話です。それまではその先生，福井市のなかでは一番よいと言われている，F高校とかへ直結するような名門の小学校にいたのだそうです。そこに16年

いて，はじめて校長として僻地へ出た。そのとき，彼はある意味でウァーと思ったのだそうです。そのF高校に直結する名門の小学校で，いままで自分は大変教え方もうまい，という誇りをもっていた。ところが僻地の山のなかの小学校にやられた。だけど，待てよ，と考えた。今まで偏差値がどうのという名門の小学校で，自分は現代的な汚染を受けていたかも知れない，そうだ，山で，目の輝いた子どもたちとともに，山を裸足で歩いて人間をとり戻そうと，彼は思ったのだそうです。そうして赴任をした。山のなかには杉林がずっとあって，そこへ夕方の木もれびがさしていた。杉のにおいがプンプンしていた。彼はすっかり嬉しくなって，そうだ，明日から子どもと一緒にやるぞと思ったって言うのです。そして学校，小っちゃな小っちゃな学校へたどり着いた。子どもは全部で19人。あくる日楽しみにして行ったそうです。

　ところが，これは私が言うのではないですから，差別をしたと思わないで下さい。その先生が行って子どもたちを見たときに，これはバカだと思ったって言うのですね，子どもたちが。なんだかみんなグチャッとなっていて，今までの，福井市のなかでも名門と言われたその都会の子どもたちとはあまりにも違う姿でした。けれども，またすぐ思いなおして，こういう子どもたちに，あのF高校に行くべき名門小学校の，汚染された子どもたちの心には育っていない，自然の興味や輝くような瞳を何かのときにあらわしてやろうという期待をもった。ところがその子どもたちはトローンとして，先生が挨拶をしても誰も輝いた目つきを向けない。これはなぜだろうとそのとき思った。いや，これは教室の中においておくから悪いのだ，この子たちを自然に連れだしたら一番いいのじゃないか。そこで，今日は校長先生，初めてこの学校にきたから，みんなで山へ行こうや，と言った。歓声あげて子どもが喜ぶかと思ったら，「山？」ってな顔をしている。その19人を引き連れて山へ行った。子どもたちは，昨日自分がこの山へ上がってきたとき感動した自然に対して，なんにも目を輝かさない。プラプラプラプラと歩いているって言うのです。それでやはり杉のところをスーッと光線が入ってくるのは見事なぐあい。でもそんなもの子どもたちは見もしないって言うのです。この自然のなかにいても，自然のもたらす美というか感動というか，

自然に感動しない子ども

そういうものを直接子どもの心に引き起こすとは限らないのだと思った，と言うのです。

あくる日から子どもの姿を注意して見ていると，その子どもたちは家へ帰ればTVにかじりついている，それは都会の子どもと同じです。いつまでもTVをみていて，朝ポケッとした顔してやってくる。自然に感動しない，それでその先生は，頭にきたわけです。休みの日，福井へ帰ってきて，自分の友人である教育委員会の先生に，こういうことで自分は困っている，あの子たちに感動を呼び起こさせるにはどうしたらいいんだろう，どうしてああなってしまったのだろう，何かいい対策を教えてくれと言ってきた。ところがその教育委員会の方は，自分は適当な策を授けることができなかった，分からなかった。今日，先生が講演にきたから，これはちょうどいい，先生に聞いてみようと思った，と言うのです。

私は，この地域環境というものは，自然があるから子どもが豊かになるのではない，自然とか，豊かな美しいものを，美しいと思う人がいないと子どもがそれを美しいと思わない，そういうものではないだろうか，と言いました。私は，この地域とか，空間とか，人込みとかなんとか言いますけれど，結局は，人も環境の1つだと思うのです。この人間という環境は，たとえばこの地域，「暑い」という地域にどういう働きかけをするかによって，この「暑い」地域で子どもを育てることがどういう意味をもつか，「寒い」のはどういう意味をもつか，温帯がどういう意味をもつかを，決めていくのです。もちろん，同じような人間がそこの仲介をするならば，やはり寒さ，暑さ，中間，というのは各々違いをもつだろう。けれども人間が非常に違った働きかけをするならば，この環境のいろいろな1つ1つの条件そのものが，決まった方向に子どもの心を向かわせるということはないはずだ，というように私はその教育委員会の先生に話をしてあげました。

人も環境

「海と太陽と子供達」

皆さん方にも私，おすすめして見ていただいたりした映画があります。何年か前に文化庁で私も審査をして，どうしてもこれにあげたいと言って1千万円あげた映画，「海と太陽と子供達」，ご覧下さ

った方いらっしゃいますね。朝日のマリオンでも私，上映して頂きました。来た方はみんな，ハンカチをグショグショにしてお帰りになったようでございます。それはどういうのかというと，これもご覧にならない方のためにお話いたしますけども，これもちょっと今の例と似ております。九州は熊本県，天草の牛深という小さな町，小さな漁村でございます。この牛深という町の僻地校に，ご夫婦の先生が新しく赴任してまいりました。子どもたちを見て，あまりのその無気力と，表現力のなさに驚いたわけです。牛深という町は海辺の町で，そこには海と太陽のとっても豊かな自然があります。青い海とさんさんと照る太陽があります。ところがその自然のなかで子どもがまったく活き活きとしていない。なにか劣等感をもっているようだ。1人1人をつかまえても，自分の感情を自然に表現することが出来ない。そういう状況があります。

　先生は男先生と女先生の2人だけ。2人ともなんとかしなければならないと思うけれど，どうしていいか分からない。それで，当たって砕けろって，体当り的に子どもにぶち当たるわけです。子ども1人1人を抱きしめるようにしながら，いろいろなものを教えていった。字を教えることにしても，親があまり教育的関心をもっていない。後から聞いてみると，僻地に赴任してくる先生は，その県では皆一応1回は僻地の経験をしなければいけないということで，2年間僻地へ行くわけです。みんな2年間しなければならないから行くけれど，2年で「さあすんだ」と帰って行く人ばかり。だから新しく先生が入ってきても，父兄たちはどうせあれ，また逃げてくよ，子どもたちも，どうせいなくなるよ，っていうわけで，教師との間の信頼関係が生まれてこない，そういうようなことも分かったわけです。それでどうするかというと，1人1人の子どもを抱きかかえるようにして，字が分からない子どもには，庭に「あ」なら「あ」という字を書いて，そこを走らせたりするのです。身体で覚える，それがだんだんだんだん功を奏しましてね，だんだんその子どもたちの目が輝いてくる。

　ちょうど目の輝き始めたころ，その中山さんという映画を作る人が牛深に行きまして，その子どもたちを見てびっくりした。それで1年間密着取材をしたのです。それを1時間半の映画に仕立てたの

が，「海と太陽と子供達」。つまり仲介に入った教師の心，子どもに対する態度で子どもたちの外に対するものの見方が変わってくる，海は美しいと思うようになった，太陽は素晴らしいと思うようになった，そして自分たちのまわりのもの，山でも，木でも，花でも，そういうものに感動するようになった。それを，先生がまた，作文という形で書かせる。表現力のなかった子どもたちが，自分が思ったことを書くという興味に引かれていろいろなものを書き出す。すると3年生になったある子が，全国の作文コンクールで最優秀賞をとるのです。そこまで変わってくるのです。

その最優秀賞をとった子が，その作文をみんなの前で読まされる。それには，お姉ちゃんが就職をすることが書いてある。中学を卒業したそのお姉ちゃんが，高校へ行きたかったけれど行かれないで，床屋さんをしている横浜のおじさんのところへ就職しにいきます。駅で別れる。船に乗って行き，それからまた駅からJRで横浜まで行くわけです。別れるときにおかあちゃんが，泣くっていうのです。「こんな思いをするのだったら高校へやればよかった，どんなに苦労しても」と言って，おかあちゃんが泣いたという話のところへきたら，彼女は感窮まってもう読めなくなる。もう自分が自分の書いた作文に感動するわけですよね。読めなくなってしまう。先生が代わって読む，すると驚いたことには，先生が読んでいる間に今度は他の子どもたち，10何人の子どもたちがオイオイオイオイ泣き出すわけです。その表現されたものに胸を打たれて，感動が起こってくる，そういう映画なのです。

淡々と生活を映しています。子どもたちが感動や感情，興味や意欲というものをどうやって，自分の心と，まわりの環境や人との間に育てていくかというプロセスが，ずっと描き出されています。そのうちにその男先生がぎっくり腰になってしまいます。熊本の病院へ行ってもはかばかしくいかなくて，手術するべく東京の病院へ入ったので，その子どもたちが先生にお見舞い状を書こうということになりますが，お見舞い状ではつまらない，みんなの声を聞かせてあげたい，テープに吹き込もうって，みんなで先生，何とかかんとかといってテープに吹き込んでいる。と1人の子が，先生の可愛がっていた犬にもワンと吠えさせようと言って連れてくる。連れてこ

られた犬に,「ワンと言えワンと言え」と言っても,犬がワンと言わない,それを大騒ぎをしてやっと「ワン」と言わせた。そのテープを先生が病院で聞きながら,泣くのです。そういうものすごく感動的な映画です。

　まあ事実そのままですから,脚本は稚拙であるし,何も芝居はないし,淡々と映しているだけです。心理学者の選考委員は私ひとりです。後は音楽家,作曲家です。それと画家と,映画芸術をやっている方と,かつての官僚,いま博報堂の会長さんの肩書がつく方と,それだけが最終選考委員をしていましたけれど,音楽家は音楽はあまりよくないね,などと言うし,絵の人は画面はそれほど美しくないと言うのを,私がわめいたのです。この映画を見て,どういう影響を人に与えるかという発見をするのが私の役割なのです。これにお金をあげないでどうして他のものにやれると言うのでしょう。年間1億円の予算,10本選んで1千万円ずつあげるのです。「私はこれに3千万円でもあげたいぐらいです,2,3本のくだらないのにあげるくらいなら」そうわめいて,とうとう通りまして1千万円差し上げることになりました。そうしたら作った方が喜んで下さいまして,「先生,1千万円で私たちはカメラを1つ,買おうと思います」と言われました。

自然環境が子どもを育てるのではない

　私が言いたいのは,牛深の天然の美しい環境がある,それが子どもを育てているのではない。ある人間が,この自然に感動する目を子どもたちにもたせる。そして感動したならば,それを表現する能力を子どもたちから引き出す。そしてその表現されたものに相手が打たれるという心をもつ。ということは,自然環境が子どもを育てるのではない。これがさっきの福井の教育委員さんの話につながるのです。だから校長さんが,杉の山へ行って,子どもたちがボケーッとして,感動も何もない,どうしたものかというのに対して,これはあなたが自分の能力を発揮して,この自然と子どもの間のつなぎ手になり,この自然に感動する心,興味をもつ心,これを美しいと思う心,そしてそれをまた表現したくなる心,それを表現しあっている間に,友だち同士でまた感動する心,こういうものに変えていくのだ,それをするのは自然ではなくて人と言いたいのです。あなたはこれから2年間か何年間か知りませんけれど,その子ども

たちの教育という問題に取り組む，その場合に自然が子どもたちに影響するのではなくて，この自然をどういうふうに子どもに影響を与えるものに変えていくかという，そこにあなたの教育があると言ってあげなさい，と言った。教育委員会の方が，よく分かりました，これはいいことを伺いました，今度彼がきたら私がたっぷりと先生の今の話を伝えて教えてあげる，こう言いました。これは1つの挿話でございますけれど，実際にあった話です。

環境と子どもをつなぐ人

　この，環境のなかにおける人間が，ある意味で人間形成に対する機能，働き方の質を変動させていく力をもっている，と私は考えます。この話は次のときと最後のときとに，皆様方に保育とは何だろう，子どもの心を育てる力とはどういうものか，そしてそれに則った本当の保育とは何をするものか，という話につなげていこうと思っています。保育とは，ときには環境を変え，あるいは変えないでもいいような素敵な環境である場合には，その環境が子どもに機能するような形にしていくもので，その機能がこっちの機能になるか，あっちの機能になるかを，あなたたちは振り分ける役割をもっているのです。こういうことを保育のなかで考えるのが保育士だと私は考えます。それでいま，こんな映画の話などをいたしましたのも，人間はそういう力をある程度もっている，ということを言いたかったからです。ただ，ある程度ですよ。だからたとえば北極とか北極に近いようなところ，アラスカとかあるいはまたどこか南極に近いところなど，雪と氷に閉ざされた地区に子どもたちがいたときに，私たちがどれだけ環境の機能を変えることが出来るか。東京に住むのと同じように変えられるとはいいません。けれど，それがどのように子どもに刺さっていくかということについて，その質を変えていく範囲に対しては，ある種の自由度を人間はもっているのです。

　そういたしますと，現代のこの都市砂漠といわれている都市化のなかの子どもたちはうまくは育たないと言われますが，そうなのでしょうか。皆様方もよく親たちから，先生，とにかく私はこんなところに住んでおります，もう少し真っ当なところへ行きたいし，地域の広がりも自然もあるところへ行きたいけれど，何しろ亭主が遠

環境と
保育士の役割

くに通うのは嫌だというから，ここに住んでいます。こういうガサツなところでは，子どもがガサツになるのも当り前です，などと言われます。そうするとあなたがそれに輪をかけて，私だってここに住んでるのだからね，と言うことになり，ガサツとガサツがコンニチワした形になって，子どもがこんな風に育つのは当り前，などというようなことは皆様方，なしにして下さい。あなたたちがそれを変えていく。また親がそれを変えていく。こういう能力を考えるべく，私たちはこの環境というものを考えていくのです。

けれどもそうはいっても，環境自体がある種の条件として入ってくることは確かですし，たとえば，approximation というようなことが問題になります。ただこの場合でも，私たちは人によって違うわけです。そうではありませんか。ここにギュッと詰まっている，このときみんなが同じ不愉快な状態でいるかといえばそうではなくて，各自が人間としての変化機能を発揮しているのです。このなかで圧迫になるような詰まりかたをしていても，どうせこうやって集まっているのだからと，この刺激から自由になっていくプロセスをふめる人もいるのです。そういうことを発揮している人が，このなかに何人いるか，ということがまたこの集団の1つの機能的な雰囲気を作って行きます。

人間としての変化機能

皆さん方はよく，ここではみんながそうだからしょうがないとか，あの学校に入れればみんながこうなのだから，うちの子どももそうなるだろうとか，この保育園に入れればお母さんたちにこんな意識があるから，みんながそうなっていく，などと言います。みんなが，「みんな持っている」というのが好きですね。子どもがみんな持っていると言ったら，3割も持っていないと考えていいのです。1割持っていれば，もう，みんなが持っているという形になってしまう。こういう形で私たちは，まわりのものをある種の受け取りかたで受け取っているわけです。ところがそういう受け取りかたをするということが，またその受け取りかたを変えることが出来るということで，こういう形で私は環境を考えたい。そしてこの環境のなかの「人」にまず焦点を当てて，この「人」がこれをどのように変容していくか，ということを後で保育に結びつけられるような例で考えていきたいと思っています。環境に対して一方ではこういう考え方をいた

します。

遺伝と環境の相互作用

　それから一方では，私たちは遺伝と環境ということを申します。ここでは環境万能論を唱えますが，遺伝のあることは，事実でございます。やはり私たちは親から親の遺伝子を受け継いでいるし，受精の瞬間にそれは決まってしまう。先ほどいろんな条件を人が動かしていく話をしましたが，遺伝という受精の瞬間に決まったものが育っていくプロセスのなかで，それが，どれだけの力を発揮するのだろうか，ということを考えてみたい。

　遺伝のあることはまったく事実なのです。あなたの親があなたに，いろいろなたくさんの遺伝子を与えた。けれども，その遺伝子がどんな働きをするかということについても，ここ何年かの間に非常に多くの角度からの分析が行われてきています。たとえばここで遺伝したものが，あるところで形質を発現するまでの間に，何回も環境との相互作用が起こっているということが分かってきている。これは以前，皆様方に保育の問題の継続講座で話したことがありますから，ずっといらした方はたぶん覚えていらっしゃると思います。蚕の話です。蚕のなかに首のそばに黒い幅の広い帯がある蚕と，細い線がある蚕とがある。これはまったく遺伝によって決まります。黒い広い帯を作る蚕は，黒い広い帯をもつ親からしか出来ません。かつてはこれはまったく遺伝で，この形質が発展するまでの間に環境的要因は何ら意味をもたないとされていたのです。ところがこれが何十年か前に，いやそうではないということが分かった。どういうことかといいますと，ここで分かったのは，この色素，黒くなる色素が遺伝子としてあるのではないのです。いいですか。ここにいたる前の間に，ある酵素と酵素が互いに環境的な作用と，それからまた自分の方では遺伝的な要素という関係で，1つの収れん作用を起こします。

遺伝と環境の収れん作用

　収れんというのは，英語でconvergenceといいます。私たちは遺伝や環境は収れん作用を起こす，という言葉を使っております。これもみなさん方，覚えていらっしゃると思います。ものが相互に組合わさって次の段階が出来てくる，それを収れんと申します。ここ

にいたるまでに何回かの収れんがある。この収れんのなかで，細い線のある蚕のほうは，色素を発現するにいたるような何回かの掛け合わせが出来ないのです。けれどもここの段階で環境的にあるものを入れてやる。黒い広い帯のある蚕の方には，この段階にキノエニンという色素が出来る。キノエニンが出来る前にある酵素とある酵素が掛け合わされるのですが，これが片方では足りない。だからここの段階で，外から入れてやる。するとあーら不思議，ではないのですが，ここにキノエニンが出来てしまう。そうすると，こちらは黒帯の遺伝子をもっていないのにもかかわらず，ここで黒帯が発現するのです。ということはどういうことかというと，遺伝的には黒帯はないけれども，この形質を発現するまでの間の環境との相互作用が解明され，その作用さえうまくいけばこちらにも黒帯が出来るということです。私たちは人工的にここに物質を入れてやることによって，遺伝を変えることが出来るのです。

　遺伝と環境の問題は，こういうことが出来るようになりましてから，考え方が変ってきました。ある遺伝があっても，それが形質を発現する前に，収れん作用の起こるのを妨げたり，あるいはまた収れん作用を増進したりすることによって，こちらに望ましい形質を作っていかれる場合がある。これが本当の意味の，遺伝と環境との間の収れん作用に人間が手を貸すことです。こういうものの考え方は，これも皆様方よくご存じの，私がここでよく話をいたしますフェニールケトン尿症の例にもあてはまります。

フェニールケトン尿症　　フェニールケトン尿症は代謝障害の知的障害です。かつてこうした何回かの収れん作用を知らない間は，フェニールケトン尿症の家系では，メンデルの法則によって3対1の割合でフェニールケトン尿症が現れると考えられていました。このフェニールケトン尿症の子どもは，知的障害になるより仕方がない。どうやって教えるか，教育の問題でした。数を教えるのは具体的なもの，たとえば団子を作って教えるとか，ポンプを漕いで教えるとか，そういうようなことをやっていたわけです。またその子どもが3歳以後になってきますと，情緒障害を起こしやすい，衝動的になりやすい。それをどうやって優しく抱き止めるかというのがその教育作用でした。

　ところがこのフェニールケトン尿症の遺伝が何かということが分

かった。それはたんぱく質を分解していく過程で，通常はある酵素がアミノ酸を分解して吸収したうえで，炭酸ガスと水を出していくことが出来るのに，この分解酵素を欠いた遺伝子をもっている子どもは，中間過程で出来る物質を分解しないで残している。その残った物質が脳の中に入って脳の発達を妨げるのです。脳がおかしいのではない。初めから脳はちゃんとして産まれているのです。けれども，その新陳代謝でたんぱく質の分解が出来ないために，それが脳に入って脳の発育を妨げている。これがちゃんと分かった。

　どういう収れんが起こるか，これは蚕と同じです。ではこれをストップすればいい。たんぱく質を食べなければいい，途中で中間のものを作らなければいい，ということになった。そして何年もかかって特殊ミルクを考えた。しかもこういう分解酵素の欠けている子どもはすぐに発見できるのです。オシッコをとりまして，酸化第二鉄を入れると真緑になる。だから，お父さんとかお母さんが疑わしかったら，産まれてすぐそれをやれば，フェニールケトン尿症であるかどうかが分かるわけです。そうしたら，お母さんのおっぱいを飲まさないで，脳が障害を起こすような中間物質の出来ない特別なミルクで育てる。これが教育です。それをやると子どもに発達遅滞は起らない。そういうことが出来るようになった。そしてそういう子どもは普通の子どもとして育ち，障害が起こらないために，二次的に起こってきた情緒障害も起こらない。それはまったく普通の子どもとして育つ。数を数えるのに団子を作らせたり，ポンプを漕がせたりして，1，2，3などということは要らないのです。

　私たちがもしも，遺伝と環境との間の収れん作用をある程度支配すれば，ここで思わざる人間を創り出すことが出来る。ただこういうことが分かるのはまだ，非常に特殊なものに限られている。フェニールケトン尿症はこれがコントロール出来る数少ない例の1つです。ただし，これがいろいろな段階で，代謝障害から起こってくる発達遅滞に対しては少しずつ広がっています。このようなレベルで，私たちが自然を考え，環境を考えていく。環境と言っても，優しく育てられる環境を，というのではない。その形質が発現していくところで，環境作用が入るのをストップしたり変えたりするのです。今は環境の作用を変えることを考えられる世の中になっているので

す。

　あなたたちは子どもを育てるときに，この子どもはあの親の子だから，というようなことをよくおっしゃいます。なにしろあの酒飲みの父さんでは，あの母ちゃんのあれでは，ろくな子どもが出来るはずがないだろう，などと言いたくなるのですよね。けれども私たちは，それにたいして何が出来るだろうか。フェニールケトン尿症の治療のようなことは出来ないかも知れないけれども，オギャーと生まれた子どもたちに，一体この人間としての環境をも含めて，どんな作用を発揮してこの形質の発現をストップさせることが出来るのでしょう。育てるプロセスのなかで，今やそういうことを考える時代になってきているのです。

「人」環境の行動学

　保育は家庭に代わるものである，などと申します。もちろんそうです。けれどその代わるというのは，ただ子どもを預かって怪我をさせないように，そしてお昼を食べさせる，昼寝もさせる，少し文化的な刺激を与える，そして，ああ，お引き取り，お引き取り，ああ帰っていった，というのではありません。保育の場面は，昼間の何時間かある。これ，非常に長い時間ですよ。そのときに，その環境を変動させる力をもった人間としてあなたたちがいる。そのあなたたちが子どもに作用していくときに，その場面をどんなふうに変えているだろうか。しかもその子どもは，一方では家庭の中で親の遺伝を受け継ぎ，さらにまた家庭の中で親の「人」という作用を受けている。だからある場合では，あなたたちの人としての作用は，親の人としての作用と競合しあうことも起こるかも知れない。あるいはまた，私たちはいま地域とか空間とか申しましたけれど，ここにも同じことが起きるかもしれない。また，ものとか機械とかと人が競合しなければならないこともたくさん出てきます。

TVを見る時間の長短が問題なのではない
　この頃あまり大きな声では取り上げられなくなりましたけれども，TVに子守をさせるなということが，一時非常に強く言われたことがございます。では，TVを子どもに何時間見せたらいいのだ，長く見せるのはいけないだろうか，という質問が出る。環境が子どもに与える影響を今のようなものの考え方を導入して分析していくな

ら、このような質問は意味がない。

　たとえばある親、AとBがいて、Aの子どもは1日3時間TVを見る。Bの子どもはやかましくいって1時間半にとどめている。あるいはもう1人、Cの子どもは5時間も見ているとしましょう。TVの影響を、子どもがTVに釘づけになっている時間帯からみれば、Bが一番TVの害が少なくて、それから、A、Cという形になるわけです。ところがここには親がいて、この親によって効果はまるで違うわけです。この1時間半しかTVを見ていない子どもの親は、たとえばその子が小さいときから仕事に出ていて子どもをほったらかしてきた。これは後でお話いたしますが、子どもには赤ん坊のときに親に抱きしめられながら、人という環境が他の環境から突出していく過程があります。子どもにとって、環境とはなんだろう。赤ん坊はぼんやりした視覚と聴覚、それから皮膚感覚などを使っています。お母さんが抱くとおっぱいのにおいがして、それからお母さんのお腹の中にいたとき聞いたのと同じような、ドックン、ドックンという鼓動などがなんとなく聞こえる。それでまわりをみると、ちょうど、目の前にお母さんの顔があって、目玉がぎょろぎょろと光って、口がパクパクとあいてそこから音が出てくる。面白いぞって思ってじっと見ていると、その目玉がまたニコニコ笑った。おっぱいがチューっと入った。そういう形で親が他の環境のなかで突出していく過程が進みます。

　このような過程が子どもたちのごく幼少期に与えられます。そして人間が他の環境とは違った存在になっていく、その最小の段階をそこで作り上げていきます。もしもこれがきちんと出来ていないときは、親というもの、人間というものが、あのTVと競合するようになります。TVも音を出しますし、カチャカチャ動きます。親の目玉がクリクリと動いて、音が出るのと同じようにですよ。ところが親があまり突出していなくて、TVのほうはパカパカチッチ、パッパとやっていれば、あれはあれでまた面白いではありませんか。跳ねて踊って動いて、バターンと倒れて、それがまた立って、なんだかアーアーいっているから。こっちの、本当の人間はあまり突出していない、ボッとしていて時々ミルクを飲ませるだけ。TVはあっちへ行ったりこっちへ行ったりしている。

「人」環境の突出

TVと親の競争

こういう形になると、TVの影響と、親という人間が競いあうのです。そしてTVの方が勝つ場合もある。ときどき親の方は、コラッと怒ったり、お腹がすいても忘れておっぱいくれなかったり、そういうことだってあるわけです。TVの方はつけてさえおけばそんなことなく、キャッキャッキャッとやってくれる、そうではありませんか。そういう育ち方もできるわけです。そうすると、この子どもにとっては、人に引きつけられ、人のいうことに注目し、人に口をきかれたことが嬉しくなる、人に何か言われたらそうしなければならないような気になる、という育ち方がストップしている。それでは、TVが面白いからといってTVの言うこと聞くかというと、TVは言うことを聞かせようとはしないわけです。コミュニケーションがない。子どもが「面白いなあ」って勝手に見てるだけ。画面の中ではバタンと死んだり、またムクムクと起きたりする。

そういう見方をしている子どもの場合と、母親が十分に突出して、本当の人間の方がとても面白いと知っている子どもとでは、ちょっとの間TVを見て、これはこれでまた面白いと思っても、TVを見ることで影響を受ける、その質がまるで違ってくることがお分かりになったと思います。そうしてまた、親がどの程度突出しているかにより、今度は保育園に連れてこられた子どもの、あなたたちを見る目つきが違うわけです。親が十分突出して、しかもその親が保育園の先生を尊敬して、先生に会わせて、あの先生いい先生だ、おかあちゃんはね、あの先生の言うことを聞くよ、というようなことを言えば、初めから突出した親の仲介によって、子どもはこの先生の言うことを聞く耳をもつでしょう。

保育士は「人」環境のプロである

私たちは、この子は素直だ、あの子は言うことを聞かないなどと言いますけれど、環境に子どもがどう関係するかは、子どもが「人」環境に対してどのような質的な関わりをもつに至ったかによって違ってくるのです。だから5人の子どもがここにいたとします。あなたが、恐い顔をして、「ダメデショーッ」と言ったとき、5人の反応は1人1人違います。この5人の反応の奥にある、人そのものに対する突出度の違いや、興味の違い、そことの間の関係の違い、ものとの関わりと人との関わりがどう違うかなどが、1人1人違っているのです。これは裏を返しますと、一方には、やりにくい、ヘンテ

コリンな、TVと競合しながらTVの方が勝つような子どもが来るから、いやになってしまうということもあるかも知れない。けれど他方では、あなたたちは親と違ってプロですから、「人」環境のプロとして、子どもの発達に対してこの場がどんな環境になりうるかということを考えていった場合には、保育とはただ預かっているのではなくて、非常に面白いものをもっているということになりませんか。それを考えれば、保育の前に、親というのはすごいものなのですよ。

親とはどんな環境か

親は子どもにとってどんな環境でありうるか、ということを考えてみて下さい。皆さん方のなかには親であり、専門家としての保母であるという方もいらっしゃるでしょう。その方たちは、人間がものを言うことによってどれほど人間的な機能を子どもに発揮しうるか、ということの意味をつかんで保育につなげていってもらいたいと思います。人には先ほどいいました、フェニールケトン尿症患者の形質発現にいたるようなプロセスがありますね。それと同じようには、保育者がニッコリ笑ったときにどういうプロセスが起こるかということは、今の私たちには分かっていない。そういう分析ができるような世の中がくるかもしれない。あなたがたとえば、ニッコリ笑って子どもを抱きしめると、そのニッコリ笑った顔つきを子どもが受け取ったときに、子どもの頭と皮質と視床下部との間にどういう連絡がいくのか、それが感動を起こしたときに、どのように血管が広がってどうなったか、などということが説明が出来るようになるかもしれない。けれど今のところ、私たちはそういう説明が出来る前に、行動学として、ニッコリ笑ったときに子どもは受け止められたと思ってどこそこを働かすようになるよ、という形の行動学として、とらえているわけでしょう。そう考えると、環境という言葉はかなりの大きな広がりをもっていきます。ここまでが、第1段階でございます。「人」環境というものをこれだけに拡げてとります。

私の生育環境

さて今度は、第2段階です。今のような考え方をしてまいりますと、私たちがある環境に住んでいるということは、考えてみれば、ある地域の影響を受け、ある気候の影響を受けていることですが、

それを私たちがどう受け止めるかは,「人」環境によってだいぶ変動させられている,ということを考えてきたわけです。そうしますと私たちが,今日にいたるまでに自分はどんな「人」環境にいて,その「人」環境の影響によってその体験や場面の質をどう変えてもらったか,ということを考えていくことがまず大事だと思います。皆様方は今日,お家に帰ったら,次の時間に保育の問題や育てる力の問題を考える前に,一度今のような立場に立って,あなたが育ってきた家庭の環境,我が環境ということを,そのノートの次のページにでも,書いてみてください。ここらへんに,おかあちゃんが抱きしめて,TVはなかったから競合はなかったとか,何が自分の目の前にちらついてそれを自分がある関係として受け取ったか,それはいろんなものがあったと思います。それを整理したらどういうスタイルになるか,やってみると面白いですよ。

　私もいろんな話をいたしますけども,私の心を育てた,そういう環境を考えますと,私が育った頃は,TVなどもちろんなかった,ラジオが初めて出来たのが,小学校の高学年だったと思います。皆様方みたいにオギャーと生まれたときにラジオがあった,というのとは違うのです。ですから子どもの間,ずっとラジオなどはなくて,自然には恵まれていました。自然の中でいろんな思い出があります。

　先ほど言いましたように,佐賀は生まれたところだけども何も覚えてはいません。自分の生まれたところはどんなところだろうと好奇心はありました。何年か前に佐賀へ行きましたときに,私は実は佐賀で生まれた,自分の生まれたところを見てみたいと言ったら,「何という町ですか」「水苗町花房小路というなかなか素敵な名前がついています」。では連れていってあげる,ということになりました。その水苗町というのが残っておりまして,ただ,花房小路という素敵な名前が消えて,何丁目何番地になっている。その水苗町に車で連れていってもらいましたら,ここがね,旧花房小路,割合に落ち着いた住宅街だったのです,旧花房小路って大きな立札がたっているのです。

　そこへ行ったら,なるほど,私の祖母のいうことが分かった。私の祖母はとても変わった人間だったということを,皆様にお話したでしょう。いい言葉で言えば,おおらかなのですけれど,悪い言葉

で言えば，まったくイカれた人なのです。私たちが生まれると，とんでくるわけ。じいちゃんをほったらかして，3カ月御滞在。転勤だというとまた飛んできて3カ月，家に入り浸っていました。私の生まれた直後に佐賀へ来たのです。私は7月生まれ。それでよく祖母に聞かされました。「おまえはまあ暑いとこで暑いときに生まれてお母さんが大変だったよ」そこまではいいのですけどね。だけどまあ蚊がいた，庭に出ると蚊がうじゃうじゃじゃって足にたかっていたと言うのです。どうせ，また，このおばあちゃん，大げさなこといってると思ったのです。障子のさんが黒くなるほど蚊がいたっていうのですから。ずいぶん変なこというなと思っていたのです。でもその花房小路に行ったときに連れていってくださった方が，花房小路では佐賀城から掘割がずっとつづいていて蚊がたくさんいるのですと言うのです。「まあ本当に，今でも蚊がいるのですか」「はい，蚊がいてね，庭へ草取りに出るときに，蚊よけを腰にぶら下げて出ないと，駄目なのです。足に塗っただけでは駄目で腰にぶら下げて出ないと駄目なのです」。これを聞いておばあちゃんの言うことも確かだったと思いました。私はおばあちゃんの言う，おっそろしい蚊のたくさんいるところで生まれたのですね。

　そのおばあちゃんが，本当にまあおかしなこと言って聞かせるわけです。うちは4人の女の子と死んだのが1人の男の子なのですが，その男の子のことをほめるわけです。あれは頭のいい子だったと。満1歳で死んだのに，なぜ頭がいい子などと分かるかと思うのですが，そういうことを言いました。女の子は4人もいて，みんなどうしてこう揃いも揃ってデコボコだろうって，しょっちゅう，そのおばあちゃんに言われていました。とくにおまえはって，私のことね，生まれたときには女の子で困ったなあと思った，と言うのです。おまえのお母さんは大変な美人だった。本郷に住んでいて，本郷小町と言われるような美人だったから，お嫁にほしいというのがザルですくうほどあったというのです。そういうおばあちゃんなのですよ，分かるでしょ，私の言っていることが。お父さんだってあれは男として悪い方ではない，それなのにおまえたちは女の子なのに，揃いも揃ってデコボコで，どうしたものだろうねと，しょっちゅう耳にたこが出来るほど聞かされていたのです。私たち恐れて，ハーッと

言っていたのですが，黙ってないのは妹，末っ子ですからどっちかというと勝手なことを言う。あるとき憤然として，「たぶんおばあさまに似たのでしょうね」と，こうやったのです。そしたらそれっきり，おばあちゃん，言わなくなった。

　そういう思い出があるのですけれど，ともかく，蚊がじょろじょろって来るところで私は生まれたのです。佐賀というのはとても落ち着いた雰囲気のところで，とくにそこらへんが武家屋敷があったらしく，落ち着いたたたずまいのところでした。でも蚊がじょろじょろいたというのが，いわゆる地域環境としての私の生まれたところです。前に申しましたように，満1歳で新潟へ行きました。2歳半で青森に行きました。私は青森からしか覚えていません。2歳半で青森に行き，2歳8カ月で妹が生まれました。その妹が生まれるのでおばあちゃんが来たわけです。しかも転勤と妹が生まれるのが一緒になりましたので，4カ月おりました。このあたりのことやその後の私の生育環境はこの前お話しました。

　親がこれをしなさい，などと言う形で突出しても，私たちはそのこととかその活動にどれだけ興味をもつでしょうか。私の場合，姉が叱られたり，怒られたり，たしなめられたり，やっているものの方によっぽど強烈な興味を覚えました。面白くて面白くてしようがないから，こっちは最大の関心をもって見るわけです。それは記銘される。そういうことがあるわけです。だから，皆さん方，子どもを同じに育てたけど，この子はハシッコかった，上の子は覚えない，いくら教えても覚えなかった，下の子はそれを覚えた，という体験があります。これは下の子がハシッコイわけでもなんでもない，その子に与えた環境，人が加わって与えた環境が上の子とは違っているのです。上の子にとってはつまらない親の指示，やりなさいといわれ，座らされて，いやいやっているから興味は湧いてこない，面白くもヘチマもない。一方，やっていることが面白そうだぞ，あれ叱られて，などと興味津々と見ていた子どもに対しては，その1つの文化的な刺激は，まるで違ってくるのです。だから考えてご覧なさい，子どもの数が少なくなって，私が3人目で受けた自然の刺激を今では受けることが少なくなった。私たちが今度は保育を考える際に，どうして子どもの興味を引きつけるか，どうすれば子ども

がまわりの環境のいろいろなものに対して，興味をもってそれを受け取るような態度を作っていかれるか，ということを考えなければならない。このように人が加わることによって，まわりのものを，何らかの必要のある，有意性のあるものに変えていくことを考えなければならないのです。

私たちは何をしたらよいかということも，そこにあるわけです。私たちが随意的に，意図的に子どもの能力を伸ばすために，子どもを発達させるために，与える環境をどうしようかと考えるのが保育でしょう。そのときに，あなたたちがそういう機能を考えることに役に立つから，あなたが育った過程を分析してご覧なさい。自分のこれはどういう機能だろうか，私はあのときのこれを覚えている，それはどういう機能だったから，あれほど強力に自分に突き刺さったか，そういうことを考えるのです。

自分の生育環境を分析する

よく私は転校した話をいたしました。幼稚園3つと，小学校5つと，旧制女学校を3つ，かわった。それほど転々とかわるならば，近ごろの親だったら心配のあまりどうすることも出来ない。勉強も違うだろうし友だちも違うだろうし，一体どんな先生が受持ちになるのだろうと思って，身も世もなく心配するだろうと思います。けれど親は引越しだけで大変なのです。今みたいに引越し屋はないわけでしょう。だからそれは大変なものでした。国鉄の貨車を1台借り切りまして，それに荷物を積んでいくのです。引越し屋がいないから，ダンボールもなければ，パックもないのです。だからどうしたかというと，今でも覚えているのは大きな木箱，大，中，小の木箱がありまして，189番まで番号がついている。母親が，大学ノート2冊に1番からずっと189番までつけてある。私，母親がそれを持ってこうやって歩いているのを見ている。何番には何をいれるかが決っているのです。それをしなかったら出来なかった。家中がこれだけ引っ越して歩くのですから。それでノートに書いてある。1番に何を入れる，2番に何を入れる。それ引越しとなりますと，倉に入っていた木箱をみんな県庁の方が出してきてくれる。すると母親がそのノート片手に，1番から何番まではこの部屋に，何番から何番この部屋にと，みんな空箱をいろいろな部屋に分散しておくのです。県庁から奥さんたちが手伝いに来て下さる。そして，あなたはすみ

ませんけれど，1番に瀬戸物をつめてください，ここで何とかをつめて下さいで，みんな2，3人ずつ各部屋に分散してつめて下さる。子どものもの，宏子のものは何番から何番って決まっているのが子どもの部屋に来るわけです。「自分でおつめなさい」。小学校に入った子は自分でつめる。私は3箱もらって自分の物をつめる。そうするとなくならないように，自分で大事なものはちゃんとどこに入れたか覚えておきなさいと言われる。さて，この3箱にどう入れるかというのが，これはまた面白い作業なのですよ。本をどこにいれて人形をどこに入れるか。友達にもらった何とかをこう入れなければならないし。それだから今でも物をつめるの実に上手ですよ。それは引越し荷物だろうが何だろうが実に上手につめます。小学校のときからそうやってきましたから。

　親は転任，転校などいろいろあるし，本当はもうカッカカッカしているから，子どもにそんなことさせたらとてもじゃないけど何やるかわからないからと，親が1人でガーッとつめたといたしますとね，私たちはあっちこっち飛び回って遊んでいることになります。もしそうだったら，ずいぶんいろいろなことが違ってきたはずです。あなたの物は自分でおつめなさい，なくならないように気をつけるのですよって，ポンと箱を3つ，与えられる。みんなが家中に手伝いに来てやっているところを，自分の部屋で1人，出したり入れたり出したり入れたりずいぶんやった覚えがあります。ずいぶん面白かったですね。今日はここでやめておこうと思うと，後の物はパシャッと入れてそのまま寝てしまう。次の日，また出してきて，こっちではなくて，今度はあっちにいれてみよう，そういうことをやったのをものすごくよく覚えている。あれはね，本当に私の能力にいろんなものを育ててくれたのです。それがあるから物を片づけたり何かするのが容易になるのです。散らかしっぱなしにしておいては具合が悪い，自分でつめなければならないのだから。

　そして引越しして行きますね。と，今度は私の部屋に3箱が届くわけです。自分で開けて，戸棚へ入れるのです。それがまた面白い。アッターなどと言ってやるわけです。結構楽しみました。これもやっぱり人が，親という人が，その事態で子どもに与える影響をどのようにするかによって違うのです。普通だったら子どもにそんなこ

とをさせるよりも，今度転校していった先の勉強のことの方が心配かも知れない。私の親はそれはしていないのです。どこへ行ったって3年生には3年生に要求するものしかしないっていうのです。頭さえ持っていけば同じだ，そういうのです。濃度が違う，進度が違うということに母親はちょっと心配ですから，たとえば熊本から東京へ行くのではだいぶ進度が違うと言いますと，頭があれば同じだ，すぐ追いつくさ，と父親がいうわけです。すると母親もそうかということで，それに引越し荷物の方が大変だから，あまりそんなこと心配してはいられないわけです。そうすると私たちは熊本から東京へ来て進度が違っても，変な心理的負担や異常緊張がないから，すっと頭に入ってきたのではないでしょうか。

　私はそういう形で転校をこなしていった。だからもし，これを親が心配していたら，どうなっていたのでしょうね。小学校の最後は6年生の2学期に東京から名古屋へ転勤しましたから，もうすぐ受験が目の前にある，それでも平気でした。それから名古屋で女学校へ入り，名古屋から神戸へ行きました。転校しました。神戸から東京へ来たときは，どこかともかく府立へ入れたい，父親の辞令がちょうど，8月の30日です。ちょうどそこらへんでどこか補欠試験をやっているところがあるか，調べる。そしたら府立のなかで第五高女，今の富士高校，これが9月の2日に補欠試験をするという情報が入った。ようしそこだ，というので，電報でパッと願書を出して，9月1日に私だけが父親と一緒に筆箱だけもって上京した。それでステーションホテルに泊りまして，補欠試験を受けにいった。2人とるのに22人来ていました。母親は上京していないのです。180個の荷物をやらなければならないから。その日だけは私，自分の物をつめずに筆箱を持ち，父親と上京して，家族が来るまでステーションホテルに父親と泊っていた。

　こんなことを平気でやれたのは，親たちが信念をもっているから。もっている振りをしたのかも知れないけども。子どもの能力を発揮させるためによけいな心配をして，今度の先生どんな先生だか分からないとか，進度が違ったらどうしましょうとか，家庭教師つけなければとか，上の学校へいくとき困るとか，そんなこと何にも言わない，「人間，どこいったって同じだよ」って。そういう形でいくと

いうことは，私の親の人間的なものの移動，空間や地域や人を含んだ移動，これをしょっちゅう，しょっちゅう，していたわけですが，移動するということの質的な刺激を，ほかとは違ったものとして私に与えたのです。そして同時に与えたものは，どこへいったって結局は同じだということです。違うように見えながら，人間というものは，奥の方に同じ親愛の情や，同じ1つの喜びとか，同じものがあるなということを，非常に強く私は感じました。それはどういうことかというと，やっぱり親がそういう姿勢をもっていたのです。

　ついこのあいだ私，60年ぶりに東京の小学校のとき一緒だった人に会いました。2年間，東京にいました。そのときに大森の山王小学校というところにいったのです。公立の小学校です。4年生の2学期から6年生の2学期まで，2年間いたときに一緒だった人が，私が東京に出てきてから何度も電話をくれるのです。クラス会をするから来い来いと。とっても忙しくて行かれなかったら，一番仲のよかった方が，ついこのあいだ何度も何度も電話を下さって，一度出てきて頂戴。一緒に仲良しだった人が，小倉遊亀さんの弟子で日本画を描いているけれど，個展をするから，それをみんなで見て，お昼を食べるから来て頂戴。では行こうかと言って60何年かぶりで会いました。そういうときにパッと会って，やっぱり1つの親愛の情をもてるというのも，私がそうやって移動して歩きながらも，割合に平気でちゃんと人との関係をもてたからだと思います。そうでなかったら，60何年あとに呼んでくれませんよ。そういうような体験が，結局，私の幅を広げたのかも知れません。ちゃんと関係をもてばどういう人でも同じなのです。そうでしょう？　私たちはあまりそういうことを考えなさすぎるのです。

環境と育てる作用

　自分の身のまわりで気持ちが通じて，分かったような関係をもつ人しか自分の親しい人ではないという考え方，これは間違っている。人間はみんなぶつかって話してみれば，ちゃんとお互いに相応ずるものをもっているという考え方を，子どものときから育てていかなければならないでしょ。それなのに子どもに，隣の子は乱暴だから遊んではいけないとか，保育園に来てあの子はどうだから先生どう

にかして下さいなんて。いいではないですか，乱暴な子どもだっているし，ああいう子どもだって，こういう子どもだっていると。そのなかで関わりながら自分を作っていくという作用がおこるのです。介入する人間の態度の違いによって1人1人に刺さる刺激を，変えていけるのです。これが大きな環境ということの問題でございます。何が，どういうふうに競合し，そして人間の生涯のなかでここら辺ではどういう競合の仕方をするか，ここら辺ではどういう競合をしたか，ここら辺でどういう作用になるかという，この作用のダイナミクスを考えるのが，育てる作用とは何かということなのです。

育てる作用の
ダイナミクス

　育てる作用とは一体何か，私たちはうっかりいたしますと，指示を与えたり教示を与えたりするのが育てる作用だと思ってしまいます。一所懸命やっていますと言う親がいる。一所懸命やっていたって，親が育てるつもりで与える作用と，実際に子どもが受け取っている作用とは違うのに，それに気がつかないのは，こういう意味の環境を考えなかったためです。それからまたすぐ環境のせいにする，この頃はあれが悪い，物がたくさんありすぎる，騒音がありすぎる，友だちがみんなガーガーピーピーやっている，そういうことでは駄目なのだという。なぜでしょう。人間のもっている環境を変えていく作用を何も発揮していないからです。私たちが現代社会のなかに住むということはどういうことか，たくさんの環境が，個々の条件が，変わってきている。コンピューターもあればファミコンもTVゲームもあればパチンコもあり，チンチャカチンチャカたくさんありますよ。けれども人間がいるではありませんか。だからチンチャカチンチャカとあるなかで，子どもはみんな，あの子もこの子も同じそういうものを受けているかというと，いや，その子の遺伝が違えば違う受け方をするとかなんとか反論しますね。そうじゃない？これを考えましょうと言っているのです。

　そこで，現代社会のなかのそのたくさんの地域条件，空間条件，物条件，こういうある種の特殊性に囲まれている現代のなかで，育てていく作用を発見し，それをつかまえて，自由にしていく。ある程度自由にしていくということが出来るのだろうかということを，次の時間に考えます。そしてその最後の時間には保育とは何かとい

うのを考える。いいですか，今日は育てる作用とは何かということを考える際に，前もってその下敷にしておかなければならない環境とは何か，を考えました。

　いつでも人は環境のなかで，人が果たす役割を変化させていく能力をもつけれども，また同時に変化させない能力ももっているのです。そして地域的に存在する環境の条件に押し流されていくような作用を，むしろ強力にして子どものなかに入れていくような，人間作用をすることも出来るわけです。「困ったね，今度の先生は，あんまりあなたのこと，考えてくれないかも知れない，前の先生はよかったね」などと言って，作用を変なふうに曲げたり，それから，「今度いくところは田舎だ，あなたの受験の前に困ったね，あんなところへ行ったら試験に落ちるかも知れない」などと言って，子どもがその地域で受ける刺激を必要以上に低下させていくということもやるわけですよ。だからそういうことの嚙み合わせのなかにある環境を，今日はぐっとつかんで頂いた。この頭が消えないうちに，家に帰ったら，ご自分の受けた環境を，人がどんなふうにそれの防壁になったり，あるいは変えたりしたか，あるいはまた，かえってそれを非常に強くしたか，そういうことを含めてちょっと簡単に分析をしてみて下さい。そうすることが，次の育てる作用とは何か，ということを皆様方に把握して頂くうえで役立つのではないか，こんなふうに思います。本日はこれだけでございます。

第4回
育てる作用とは何か

　この継続講座も4回目になりました。第1回は総論，全体のいわゆる鳥瞰図のお話をいたしました。2回目はそういう鳥瞰図からみると現代の子どもはどう考えられるか，という話。そして3回目は，発達していく人の環境をどう考えるのか，ということを取り上げました。その環境も，人を含めた環境であり，現代という時代を含めた環境であり，社会も家庭も含めた，いろいろな何重構造にもなっている環境でした。

　今日は，次の段階で保育とは何かということを最後に考える前に，育てる作用について考察してみたいと思います。育てる作用と環境については，もう，少しばかりお話ししましたが，環境が発達に対して育てる作用になっているわけです。その作用を出来るだけ細かく分析してみようと思います。それが自然に次の段階の，保育をどう考えるか，という皆様方の一番現実の問題につながっていくことになると思います。

　今日は少し理屈っぽい話をするかもしれませんけれど，今回の講座はとてもわかりやすくて，ピンとくるというのが皆さん方のこれまでの評判でございましたので，ここへきて評判をぐっと落とさないために，理屈っぽい話をいかに分かりやすく話すかが，今日の私に与えられた課題だと思っています。そこでまず分かりやすく，しかも突っこんで理論的に構成出来るように考えていきたいと思いますので，どうぞそのつもりで皆様方にもご協力頂きたいと思います。

育てる作用とは何か

　私が保育とは何かを考える前に，育てる作用をどのように捉らえるのかを，ぜひ皆様方と考えてみたいと思ったのは，とくにこういう研究会とか継続講座に集まっていらっしゃる方は，大変意欲的に保育について勉強なさる方だからです。皆様は本当に，子どもの発達を考えて，それを健康な方向に向けて援助する，という形で保育をやっていらっしゃる方なのです。ある意味では，母親よりももっと専門的な目で考えていらっしゃるかもしれない。

　一方には母親のグループがあります。近ごろの母親のなかには，子どもなどどうでもいい，というのが少しはいますけれども，たいていの母親はやっぱり現代だって，自分の子どもがうまく育っていってほしい，心も身体も健康な子どもに育っていってほしいと願いながら，その育てる作用を仕向けているつもりなのです。皆さん方も保育のなかで子どもを健全に育てている。もしかすると近ごろはあまりいい親がいないから，保育園で育ててやろうなどとお思いになっていらっしゃるかもしれない。

　保育の作用も家庭の作用も含めて，育てる作用とは一体何なのだろう。一体何が子どもに働きかけているのだろう。働きかけるつもりで自分が出している作用が実はとんでもない作用になっていることがあるのかもしれない。あるいはまた同じように，皆さん方がある目的をもって，子どもに育てる作用をふりかけているつもりでも，子どもが大勢いる，20人なら20人，その1人1人を取り上げてみると，ある子どもにはあることを育てる作用になっているかもしれない，けれど同じことがこの子どもには育てる作用にはなっていない，別の子どもには，その子を見た一瞬に目つきがおかしくなったというほどではないにしても，その子どもにとっては，その目つきがマイナス作用になるということもあるわけです。

子どもの側から考える

　そう考えてみますと，一体，子どもにとって育てる作用は何がどのように働くのか，そして受ける子どもの側からその作用を変えていく作用があるのか，それともないのか。こういうことについても，一度徹底的に掘り下げてみる必要があると思います。皆さん方は保育をするなかで，たとえばこういう能力をひきだすためにはこういうことを，とカリキュラムやプログラムをお作りになる。ところが

つもりの作用

　これはやはり，つもりの作用だけなのかもしれない。あるいは，つもりの作用でなくても，この子にストレートにあなたの狙い通りのものを働きかけているのに，この子は聞いていない。これは一体，この子が悪いのか，その作用に誤りがあるのか，という問題があるのではないでしょうか。だいたいみんなを，いろいろな子どもを，私たちの狙っている方向にもっていくことが出来るのか，出来ないのか。それを考えないと，私たちは保育に対して本当に自信をもつことが出来ないし，現代の社会はこういう社会だから私たちは保育によってこういう人間を育てる方向にもっていきたいのだ，という願いを果たすことが出来ないのではないでしょうか。

　こういう意味で，保育とは何かを考える前に，この育てる作用を徹底的に考え，いろいろな角度から解剖してみたいと思います。ゆっくりゆっくりと話をいたしますけれども，いつものように分からなかったら分かりにくい顔つきを，それから考えてもついていけなかったら，考え深そうな，しかし，疑惑に満ちた人相をしていただきたいと思います。例によって，ぐるっと見回しながらお話をさせていただきますので，どうぞその点はよろしくお願いいたします。

子どもは育てる作用をどう受けとめるか

　あなたたちが何に働きかけるつもりかと問われれば，子どもの発達に，と言われる。では子どもはこの作用をどうやって受けとめるのだろう。この子どもは人間なのです。人間だから，何かによってこの作用はいろいろな働き方があります。気がつかないで，意識の上にはのぼせないで，受け止めていることもあります。だから先ほど，つもりの作用と申しましたけれど，皆様方が，ただつもりでいろいろな作用を振りかけているかもしれませんけれど，そのつもりの作用がその子どもの心の中に入っていき，何かを起こす起こし方は，かなり違ったものになる可能性があるのではないでしょうか。先ほどから申しましたように，私たちが育てているつもりで振りむけている作用が，子どもの中に入っていったときに，このつもりの方向に行く場合と，逆の方向にいく場合と，全然作用も何もない場合とがあるわけです。それは，一体どこに問題があるのか，あちらに問題があるのか，こちらに問題があるのか，この子どもの理解力

が研ぎすまされていないのか，もっと私たちの思いがけないところの作用が働いて，刺激をストップしているのか，そういうことがありうるわけです。

　言葉でいろいろなことを言ってきかせる，オーオー泣いている子どもにあなたたちが，優しく言ってきかせる。「もう黙るの，黙るの，あんただけが悪いんじゃないよ」などと囁くように言ったって，ナァーにも聞こえていないかもしれないのですね。そういうときは何も言わないでギューッと，ただ抱いていた方がいいのかもしれない。抱かれるとまた，胸が一杯になって，どこかに行こうとしたりする。むしろ知らん顔した方がよいのかもしれない。だけどある子どもに知らん顔したらまた大変な逆作用になって，何か言ってもらうためにもう一度，悪いことをするかもしれない。

　私たちが日ごろ，子どもに何か作用を振りかけようとしているときに，思いがけない反応に驚いたり，慌てたり，あるいはそういうことを理解しようとして，子どもを見ているだけでくたびれるという人もあるわけです。もう考えない考えない，もういちいち考えないで私はこの作用を振りかけていればいいのだと，わかったような顔をして保育にいそしんでいる人だっているわけです。私たちはこの関係に，ある法則があるのかないのか，もし全部の子どもに通る法則でなくても，1つの主流をなすような法則があったなら，それをつかんでいるだけでずっと保育とは何かということが，分かりやすくなるのではないでしょうか。これを今，考えてみようというわけです。ここまでがイントロダクションでございます。ここから中へ入ります。

ダニ，ヒト，チンパンジー

　さて，今ここでチラッと申しましたが，私たちは自分に振りかかってくる作用をどういう形で受け止めるのか，それを自分に対する刺激として認知出来るのか，感じとれるのか。これは，1つには，人間ならばヒト族のもっているいわゆる感覚という，外に向かって張っているアンテナに制限されているということです。人間は万物の霊長だなどと言いますけれども，霊長というのも結局は，他の生き物ももっているような受け止める力をもっているということで，

それ以上にもっているということではないのです。私たちの受け止められないような刺激を，系統発生的にみて下位にある生物がいくらでも受け止めている例もあります。

ダニの研究から　たとえば私はダニの話をよくいたします。ゼッケというドイツの山野に自生するダニの話をしたのを覚えていらっしゃる方もおありかもしれません。今回がはじめての方のためにお話しいたしますけれども，ゼッケというダニがいます。人間から急にダニの話になりましたけれども，いろいろな例で考えていただくと分かりやすいのです。このゼッケというダニは，お腹のすいているときは直径0.1ミリくらいの小さなダニで，山野に自生しています。お腹がすくと，灌木とか木の枝とか，高いところに這い上がって，ここでチョンとこういまして，哺乳類が走ってくるのを待ち受けるのです。山野ですからキツネが走ったりタヌキが走ったりしますね。ネズミが走ったり，ウサギが走ったり，いろいろ走りますよ。哺乳類が走ってくるとですね，その上に上手にポトリと落ちるのですね。百発百中落ちるのです。落ちますと今度はだんだんだんだんお腹の柔らかいところに移動いたしまして，お腹の柔らかい血管に近いところでプシッと，こう噛みつくわけです。そこでプックプックお腹が一杯になるまで吸いますと，エンドウ豆の大きさまで膨れあがります。豆の大きさまで膨れあがりますとポトンと落ちるのです。で，またお腹がすくまで，そこでノソノソしているわけです。お腹がすくとまたこの草木の上にあがっていって，哺乳類が疾走してくるのを待つわけです。

　学者というのは妙なものでございまして，これに疑問をもった学者がいました。一体いかなる作用を彼らは感じとって，あんなに上手に哺乳類の，しかも疾走してくる哺乳類の上に落ちることができるのだろうか，加速度の違うウサギの走り方，キツネの走り方に合わせ，キツネはキツネのように，ウサギはウサギのように落っこちるわけです。だいたい百発百中。それで次はお腹の薄い柔らかいところへいくのですが，これは温度の高い方へ高い方へ移動すればいいわけで，毛のたくさんはえているところは温度が低くてお腹の方は高いですからこれは説明が簡単だと思う。なぜあれが落ちるかということを執拗に追い求め，ダニを集めて実験室に持ち帰り，なに

が作用になるかを実験的に研究した。血を吸うのだから血の匂いが良かろうと、ウサギの血をしぼりとり、ガラスのシャーレの上にナミナミとついでみたけれど、お腹のすいたダニはそこへ落ちないのです。一体どういうことかと、いろいろなことをやってみて分かったのは、ある匂いだったのです。その匂いはなにも血ではなくてブッターゾール（p. 88）という酪酸、一種の酸の分泌だったのです。ただその匂いがそこにプーンとしていても落ちてこない。それが一定の速さで動いていると、つまりあっちからこっちに近づいてくるにしたがって加速度的にこの匂いがだんだんだんだん増えてくると、この増え方の比例で落ちるということが分かった。動物は使わないで、シャーレの上に皮やいろいろなものを張ってみたが、目の前に物体がきても落っこちない。しかし木の上に、匂いがするようにしておいていろいろな加速度で動かす。ウサギの速さとキツネの速さとどうして同じようにいくかというと、あのへんで匂っていたのがここまで匂う残像は、速度の速いのでも、あそこからここまでの比率で数学的に計算すれば、ピタッと合うのだそうです。これに反応してポトリと落ちる、というのが分かったのです。

　毎日、毎日、助手は大変だったと思いますよ。ダニを取ってこいと言われてダニを取ってきて、血液を走らせてみたり、何かを走らせてみて落ちる、落ちない、その速さをまた計算したのですからね。そしてやっと突きとめました。ものすごい嗅覚がとらえた匂いというものが、私たちの数学の計算で出した加速度の率の変化に反応しているということが分かった。だから匂いが、ただばーっとあることは、彼らに食事を求めてそこへ近づく行動を起こさせるような作用にはならないのです。

　こういう作用を生き物はみんな、もっています。系統発生的にみてたとえば霊長類は一番高いところにいるわけですけれど、そのなかでも人間が一番高いところにいます。それでもこんなダニが、人間のもっていない、こういうある種の作用をもっているのです。ダニは、人間なら頭で計算しなければならないような微妙な差異が、同じ1つの資質をもっていても、それが自分に対して作用するものになるか、作用しないものになるかということを、自然に識別しているのです。

霊長類の遺伝学

　人間は霊長類，霊長類といっておりますけれども，この霊長類についても研究する人によって面白いことをいたします。かつては人類遺伝学は，顎の骨を掘って化石がどうのこうのと言っていましたけれど，分子生物学が非常に盛んになりましてから，遺伝子を分子レベルで分析するようになりました。たとえば人間は最後の霊長類ですが，ヒトとゴリラと，今一番さかんに行われているのはチンパンジーですが，そのゴリラとチンパンジーとヒトとが，今から何百万年前くらいのときに分かれたのかということも遺伝子の分子生物学分析の似寄り度で確かめるという研究が行われています。そうすると，かつてはヒトとゴリラやチンパンジーとの間には非常にはっきりした大きな差があって，ヒトはヒト科，霊長類のなかでゴリラやチンパンジーはむしろサル（つまり高等猿類といって，サルのなかでも新世界ザルはもう少し低い方の猿類になりますけれども，そうじゃない？）と一緒だったとされていたのですね。ところがこのごろ，分子生物学者が遺伝学をいじるようになりましてから，ゴリラとチンパンジーの遺伝子はこのほかのサル，高等猿類のサルの遺伝子よりも，ヒトの方にずっと似ているということになったのです。この頃，こういう人たちのなかには，ヒト，ゴリラ，チンパンジーをヒト科に入れる人も出てきている。こういうことになってきたのです。話はちょっとおかしな方にいきましたけども，私たちの分析方法が変わり，1つの決定的なものを極める方法が変わってきますと，私たちのものの分類の考え方が変わってくるのです。500万年くらい前にヒトとチンパンジーは分かれたのだそうですが，それまではご一緒でしたということを遺伝子を研究している人は言うのです。そうするとヒト属が猛烈に反対します。ヒトの尊厳というものもありまして，やっぱりヒトとチンパンジーやゴリラの間には厳然とした差がある。たしかに今は厳然とした差がありますよ。でも500万年前には一緒だった，ということを言うわけです。そうするとまた突拍子もないのがいて，では今にゴリラやチンパンジーがヒトみたいになることがありますか，いやぁ，それはない。人間は500万年前にもうすでに進化して，全然違うものになったのだから，属が違う。だから遺伝子から言えば，ヒトはヒト科である，これは分析的な仕方が違えば違ってくる，というわけです。

こんな話をすると，変な例を出しておかしいとお思いになるかもしれませんけれど，私たちは人間が人間にどういう作用を及ぼしているかということを，科学的に分析もしないでおいて，ワタシ，あの子に言い聞かせたのよ，などと言うだけですませていいのか，と言いたいのです。そう思いませんか？
　だからこういうことは，ヒトとチンパンジーが分かれた頃の，500万年前くらいの大変素朴な分析かもしれないと言うのです。話が変なところへ入りましたけれども，そういうようなことさえ，現代の私たちは科学の知識としてもっている，けれどもそれがヒトの尊厳を左右するものではないと思うのです。そういうなかから500万年前に分かれてきて，私たちがヒトとしての特別な位置を獲得している今，チンパンジーの遺伝子が近似値的に高等猿類よりも人間に近いと言われたって，彼らは，ほほえむことも出来ないのです。
　もっともチンパンジーの研究家というのはとてもチンパンジーを愛します。私の知っている，長谷川真理子さんというチンパンジーの研究者が，アフリカの森に行きまして3年くらい，チンパと暮らしながら屋外研究をいたしました。チンパが大好きなのです。そう，チンパ，チンパと言うのですよ。そしてチンパを卑しめるのは許せないと言ってわめくのです。チンパの研究の男性と一緒にチンパの森へ通っている間に恋愛をいたしまして，2人は結婚しまして仲良くチンパの研究をしております。お互い同志，チンパと結婚したのではなくて人間と結婚したわけですけれど，実にチンパをかわいがります。

チンパンジーの文化

　それで何と言うかというと，私が，情報の伝達その他のいろいろなことを考えたときに，人間は文化をもっているから，というと，チンパだって文化をもっていて，それを伝達するというのです。チンパが文化を伝達するってどういうことかと聞いたらね，地図を書いて話をする。
　話が変な方へいきましたけど，そういった角度も頭の中に入れて人間を考えなければいけないのです。アフリカで，彼と彼女が研究しているチンパがこっちとあっちとにいます。遺伝的に同じチンパです。こことそことは交流していません。ここのチンパとそこのチンパは質的に同一であるのに，食べるものの好みが全然違う。両方

に同じような木があるのだそうです。こっちのチンパはこればっかり食べる、そっちのチンパはあればっかり食べて、これがあっても食べない。これはきっとどこかで分かれたチンパのなかに、最初にこっちへ行ったときにこっちの方がウマイと思ったチンパがいて、それが文化を自分の子孫に伝えていき、今こっちの森の中に住んでいるチンパに文化的遺産として代々伝承しているというのです。こっちはこれをたべる、でもあっちにこれを食べさせようと思っても厳然として食べない。長谷川さんは、そういう研究を3年もやったのです。チンパは文化を伝承します。どこが人間の文化と違うのですか、とケンカをふっかけられたことがあるのです。

　私はいかに、どういうところが違うかということを心理学的に説いたのですけれど、彼女は岡先生とのケンカはこの次にいたしましょう、ということになっておりますから、今度会ったらまたこの木の葉っぱの食べ方を伝達するチンパの話を聞かされるだろうと思っています。でもこうやってフィールド・ワークをしながら、それを文化の伝承として見ていく研究をやっている人がいるのです。本当にいろいろな角度をもった私たち人間は、いろいろな現象を、そのなかにおける法則性を探りつつ、その意味を摑んでいく研究をしているのです。

保育者のあける穴

　皆様方は、保育園で保育をしていらっしゃる。私がよく申しますように、保育をしていらっしゃって、皆様方は、保育の実際家であるということにたぶん誇りと意味を見出していらっしゃる。誇りと意義を見出したならば、その保育作用を、伝承的に、前の段階の人がこういう能力を育てるためにはこれがいいよと言ったのを、そのまま伝承していく形で考えていいのかということです。やはりあなたたちはチンパではなくて人間です。ですから自分の仕事のもつ意味や、その作用について、単なる葉っぱを食べる伝承ではなくて、それがどんな関係になるからそうなるのだという考え方、ちょうどダニの研究者が執拗にブッターゾールの加速度的移行でダニの感受性を解明していったようなものの考え方が、皆様方の実際の活動のなかに入ってきていいと思うのです。

伝承の再考

これは大変なことかもしれない。一方では保育をやっているのですから。けれどやっている人が本当に強いのですよ。目で見ているのですから。本当のことを言うと学者などというものは実験に行ったって，ただその日しか分からないのです。あなたたちは強いのですよ。ただ，強いのは確かですけれども，見るものを，やはりある目で見ているのです。子どもをこの目で見るというのはどういうことかというと，人間はチンパンジーとは違いますから，あなたたちの専門的分野の，と申しますか，いくつかの枠組で穴をあけて見ているようなものなのです。保育者は保育者という穴を通して入ってきた子どもを見ているのです。それで子どもはこうなのだ，という把握の仕方をする。私たち専門家は，この穴を進歩させていかなければならない。私のこの穴はもしかしたら足りないかもしれない。もしかしたらチンパの文化のように，私の村ではこの葉っぱを食べるという，その伝達によって穴のあけ方がこっちだけ向いているのかもしれない。同じ種族があっちの葉っぱを食べているのなら，私たちはあっちの穴もあけてみて，あっちの葉っぱも食べくらべ，私たちの体にどっちがいいとか，私たちの環境にはこっちの方が適しているとかを判断しながら，穴あけを変えていく必要がある。

穴あけを進歩させよう

チンパンジーはチンパンジーだから考えられないのです。そうでしょ。皆さん方が保育を修練していくときは，先輩の保育者が，こういう子どもはこういうことなのだ，というように自分たちも伝承してきたことを，伝統的に伝えていくわけです。だから，こういう子どもはこういうふうにした方がよい，ああいうふうにした方がよい，と。その穴のあけ方がもし一定であると，これからお話する本当の作用はどういうふうに入るのだろうかなんて考えないでいいんです。

私はザックバランに，少々大雑把にものをいいます。これは保育だけではない。心理学だってそうだと思います。私，今になって本当にそう思います。心理学者は心理学者としてある方法を使う。そしてこういう方法でこういう実験をやって，そういう道具を使って整理したからこうなのだ，ということを言いますけれど，もしかしたら最初の段階で，私たちのこの穴のあけ方が違うかもしれない。だから穴のあけ方を変えてみましょうよ，といって変えているから，

私たちの研究グループはいつまでたっても結論に到達しないのです。穴のあけ方を変えたらこうなりました。今度こっちの穴のあけ方を変えたらこうなりました。だから本当の作用はどうなのでしょう？　というような研究ばかりやっているのですよ。はじめのうちは皆に呆れられたのですけど，このごろはそれが評判になりまして，それを楽しみに聞きにくる人がいるのです。こういうことをそろそろ保育でも考えなければいけない時代になっていると私は思います。

　皆様方は，そんな研究をする人などいないとおっしゃるかもしれないけれど，あなた方も目で穴をあけているのですよ。人間はみんな，専門家になって仕事に成熟していくと，ある点だけを抜きだして子どもをとらえる，あなたたちはそのとらえ方を，あなたたちの職業のなかの文化的伝承としてもっていて，それで子どもを見ているということです。これが保育園の先生たちはこいうふうに見がちだ，小学校の先生はこういうふうに見がちだ，といわれるわけなのです。そしてそのどの見方からも残されてしまったところに，もしかしたら本当の育てる作用を考える上での，それこそ１つの穴のあけ方があるのかもしれない，私はこのごろそういうことを思います。そうしてこんな話をいたしますのも，先ほど申しましたように，遠まわりをしたり，余分なものを入れたりしながら，次の最後の段階で，保育とは何かということにみんな結びつけて考えていきたいからです。やはり私たち，穴をあけて子どもを見ますと，私たちのとらえ方は，まあ，ダニよりもずっといろいろなものをとらえますけれど，そこでとらえられる面は限られているわけです。

　一方において私たちは，たぐいまれなる大脳皮質の持ち主で，しかも専門的な教育を受け，教養を身につけて，そのうえ専門的な分野で体験を積み重ねている。そうするとあなたたちの頭の中にたくさんの情報，体験情報，理論情報，そして子どもを育てていくいろいろな作用と，それを子どもに実際的に及ぼしていく具体的な技術やカリキュラム，あるいはプログラムについての情報を一杯もっているわけです。その情報が，１つには子どもに対してあなたを動きやすくする，分かりやすくするのです。

　けれども分かりやすくしたときに，あなたは分かったというけれ

文化的伝承による穴あけの限界

ど，たとえばあなたが子どもの何らかの行動を目で見ますね。目でとらえて情報を送りこんだら，既存の情報と照合して判断をするという話をこの間いたしました。これをやるときに，すでにこの情報なるものを穴ぼこから見ているのです。そうじゃないですか。私たちは1回1回，この子ども，もしかしたらこうかもしれない，ああかもしれない，とジーッと見ていたら時間がかかってどうにもなりません。しかしこの穴から見えるものだけを見ているので，パーパーパーパーとこう見えてくるわけですよ。アァあの子，今日どうとか，アァあの子やってるな，でももうちょっと放っときましょう，などと子どもをとらえることが出来る。これがすうっと出来ていくのは，この穴あけ情報を自分で作りまして，これをパターン化していく，そしてその目を通して子ども像をつかみやすくしているということがあるためです。私だってやっていないということではないですよ。ぐるっと見渡して，あ，あの人はニコッと笑った，あれはちょっと面白がってくれているのだな。あの人，そこで首をかしげた，あれはちょっとわからないのかな。口の辺りがモゾモゾっとした，あの人は何かものを言いたそうだな，などと考えるのも，私は私の穴あけ情報をもって，人を見ているからです。ただこの穴というものは，もしも私たちが，ダニとは言わないまでも高等猿類でございましたら，親から伝達された文化のなかだけのほんとに単純なものしかないわけです。そして体験によって得たものと言ったって，本当に単純なものですよね。

穴からの情報のパターン化

またチンパンジーの話をしますけど，チンパンジーの人たちにいろいろな話をきくと面白いのです。たとえばこれもアフリカの話ですけれども，アフリカで木の実のあるところがある。木の実は葉っぱよりもずっとおいしい。それを石臼で割るのだそうです。といっても石臼はないから，木の幹の固いところに来てカシッと割る，あんまりジャッと割ったら中身がつぶれてしまう。そうっと割ったら実がこぼれない。ちょうどいい加減の力でパンと割って中の実を出す。そして食べるのだそうです。ところがこれが一番上手なのが若いメスで，次が子どもをもった母親，それから子どもです。少し大きくなった子どもたちが皆，真似をする。一番駄目なのがオスだそうですね，オスはこれがやれない，やらないのだそうですよ。力は

あるのですよ。やるとブシャンとつぶしてしまう。そして学習によって力をコントロールし、それをちょうどいい加減にしていくことが出来ない。人間だったら力が強いと駄目ということはない。力をコントロールする。チンパンジーのオスはコントロールが出来ないからブシャッとつぶす。1回か2回やるともうやめる。そしてなるべく若いメスの脇に座りまして、若いメスが割るとヒャッと食べる側にまわるのですよね。これがチンパンジーのオスの姿だそうです。人間だったら、もしそういうオスがいたら、結婚しないよ、とかいろいろそういうことになるのですけれど、チンパンジーの世界ではそうではないわけですね。私たちなら体験によってそれを変えていくけれど、チンパンジーには出来ないわけです。だからいつまでたってもそういうオスとメスの組合せになっているのです。人間なら、あいつは傍にいて私のものばっかり取ってくぞ、ということになったら、誰も総スカンとこうやるでしょ。そういう能力があるならば、この穴あけ作業を変えていく能力をももっているはずだ、と思うわけです。

穴のあけ方を変える

　子どもを見るという穴あけ作業を変えるために、一体何が必要かをこれからお話いたします。大雑把であっても、何が育てる作用になるか、ということの一般的ルールのような情報が皆様方のなかに入れば、子どもを見たときに何をするかという作用につなげたり、子どもを把握したり、子どもの次の行動の予測をたてたりするときの穴のあけ方が変わってきます。保育とは、これもこの次の問題ですが、次に起こってくる子どもの行動、あるいは次に起こってくる子どもの人間性、それを予測することによって、私たちがある作用を与えようとしているのではないでしょうか。

子どもの行動を予測する

　私たちは行動の予測をいたします。ちょっと理屈っぽくなりましたので、もう一度行動の予測とはどういうことか言いますと、皆様方は保育をなさるとき、何か子どもに対して作用を起こしますが、そのとき、ただメチャクチャ作用するわけでないでしょう。ただあなたの信念に従って、おとなしくしろとか、静かにしろとかね、ニッコリ笑う、というのではないでしょう。自分のその刺激を受けた

ときに子どもがどうなるかという，行動を予測してふるまっていらっしゃるでしょう。う〜んと若い方は，それは無我夢中かもしれませんよ。デイリープログラムをこなしているとき，とにかくガヤガヤしていると園長さんがまわってきたとき具合が悪いから，必死になっていて，子どもの行動の予測もヘチマもないかもしれない。

しかし，2，3年もたってある程度分かってくると，皆さんは行動の予測をなさるわけです。刺激を与えたら，子どもがそれを受け取ってああいうふうになるだろう，と。もちろん親だって子どもの行動を予測しながら子どもを叱ったり諭したりするのですけど，親の方はカーッとなったりポーッとなったりすると予測がきかなくなって，自分でつもりのものをヤーッとやってしまうわけです。保育士もそれに似ているかもしれないけれど，でも，まあ行動の予測をして，自分がある種の刺激を与えます。そのときの予測も，この，子どもを見る目の穴のあけ方とか，私たちがもっている情報の組立て方によって，仕方が違うわけです。

単純予測　単純予測というのがございまして，泣いていればなだめればいい，とか，悪いことをしたら叱ればいいとか，どうにもならない子は外へ放っぽり出せ，とか，どのくらいまで皆に迷惑かけるようだったら無視しようとか，単純予測というものがあるでしょう。ところが私たち，先ほど言いましたように1人1人に対して同じような行動をしても，1人1人の子どもにとってはもしかしたら違った作用になっているかもしれない，ということを考えたら，単純予測が頭の中にあるのだけれど，もう1つ違った穴をあけてみるということをするのではないですか。ブスっとふくれた子がいる。あなたたちが3年目くらいだったら，まあこの子，ふくらんでたっていいよ，私のこと，嫌いだってかまわないよ。1人くらいの子どもに嫌われたって平気だよ，とお思いになるかもしれないけれど，穴のあけ方がもう1つ変わると，あのふくらんだ顔の奥にあるものは私に可愛がってほしいという要求だ，という見方がでてくるかもしれない。

葛藤場面の見方　ただあなたたちに可愛がってほしいというのではなくて，可愛がってほしいけれど何か言われちゃいやだというような，強い葛藤場面が5歳児のなかにはもうあるということも，皆様ご存じですね。そうすると，この葛藤場面にある子どもをしばらく放っておいた方

がいいだろうか，それとも可愛がるのか，その両方をあなたたちが頭で計りながら考えていくわけです。穴あけが違うとそういう形に変わってくるでしょう。そこでその子どもを一見，同じく無視しているように見えても，うん，イイワ，放っとくワ，という3年目の保育士と，穴あけが3つ増えたためにその葛藤が見える7年目の保育士とがあるわけです。その葛藤のなかのどっちを先にするか，子どもの方から答を出すのを待とう，としばらく様子を見ることにすると，一見放ってあるように見える保育士の目の隅には，子どもの行動が入っているわけです。その上に，その保育士と，この保育士の中間がいる。ともかくこういうふくらんだ子は私の笑顔がほしいのだわ，と一所懸命笑顔を作って子どもに逃げられたりする保育士もいる。それを見ている園長がまた穴のあけ方がたりなくて，一所懸命にっこりしている保育士が一番いいと思っている。意図的に放っている保育士を見て，何だ，こんなに年月経ているのにこっちと同じに放ったらかしにしているわ，と思うかもしれない。私たちはそういうような場面に年がら年中，晒されているわけです。

　こんな話をしますと，先生，心理学者だからそんなこと言っていられるけど，子どもが30人いるなかに立ってごらんなさい。そんなに一杯穴あけたら動けなくなってしまう，とおっしゃるかもしれない。そういうときにいつも私は言います。あなたたちが発達することを信じて下さい，と。もしあなたたちがチンパンジーで，単純に葉っぱの伝承だけをしているのなら，そういう事態のなかに立ってしまったら，どうすることも出来ないでしょう。だけど私たちの子どものときのことを思いだして下さい。人間が発達するというのはどういうことか。あるものが自由になったら，次にそれをもっと高度なものに解放していく，ということの繰り返しなのです。

　たとえばごく単純な方からいきましょう。生まれたての赤ん坊が，オッパイを飲むために，精一杯 Oral Cavity（口腔）から喉のところ，この筋肉とか食道のこういうものを使っています。それからまた，呼吸を確立するためにだけ，ここら辺の筋肉を一所懸命使っています。これで精一杯のときは，とてもじゃないけれどこれを同時に使って「エ～ウ」などと言うことは出来ないのです。

　前にもお話ししましたが私は何十年か前に，共同研究者と一緒に

第4回 育てる作用とは何か

バブルの研究から

赤ん坊のバブル（babble, 喃語）の研究をしたことがございます。生まれてから10カ月くらいまでの赤ちゃんのバブルをずうっとテープにとりまして、その変化していく過程を追うために表音文字に移し換えます。ところがはじめは2人とも駄目なのです。聴いていると分かっているようで、書こうと思ったら書けないのです。赤ん坊の発音は、大人が発音するようなアイウエオで書けるようなものではないでしょ。赤ん坊を育てたことのある方、乳児保育をしていらっしゃる方は、よくお分かりと思いますけれど、なんとも言えない音声を出します。それを表音文字に書くわけです。共同研究者と2人でテープを聴いて、私はこうだと思う、いや私はこうだと思うと2人で意見が違う。もう一辺、まき戻して聴きます。それでもまた違うわけです。一番よい表音文字を探すために、その聴いた音を自分で発音してみました。エ〜ルとかエル↓とかやってみて一番近い音を発音してみる。そうすると一番近い表音文字に表せる。あれはもう大変な作業でした。あんな時間のかかることをよくもまあ、やったものだと思います。何度聞いたかわかりません。その間に呼吸音が入ったりして、ハ・ハ・ハーヒ〜ッなんてやってますからね、それを皆書きました。今だったらとてもじゃないですけど、2人とも年をとりましたから出来ません。彼女は私よりずっと若いけれど、それでも大分年をとり、なにしろ孫がいる年なのですから。そういうことをやりました。

赤ん坊は少し発達してくると、呼吸音にしか使えなかったここのOral Cavityの筋肉の活動を、呼吸するのと同時に音声を発するという、2つの作用をやってのけるところまでいきます。その前は絶対に出来ない。呼吸をしていれば呼吸だけハーハーハーで、この間に音声を出すことが出来ない。これがよく分かりますのは、赤ん坊の音声の聞き分けで、2人ともなかなか意見が一致しないから、テープのボリュームあげて聴くわけです。そうすると、ハーハーハーハーアルウ↑なんてやっているのです。ハーハーハーアルウ↓息をこうやりながら、この息の合間にホッと声が出る。ところがこれが3カ月たちますとほとんど呼吸音が聴きとれない。エル↓、エデール、エルウ↓などとやっているのです。もちろんその間、赤ん坊が呼吸をやめているわけではない。呼吸はやっているのですが、滑ら

かにやっていますから、同じそこの筋肉や空気の出入りをほかのことにも使っているのです。赤ん坊のときからそれの連続です。1つのものに夢中になってそれしか出来ない。ところがそれが滑らかに出来るようになると同時に、その器官をもう少し違ったことに使うことが出来るようになる。私たちはいつも、ず〜っと何十年間それを続けてきているのです。

　皆様方の目だって、穴ぽこのあけ方だって、子どもを見ていることだって、皆そうなのです。今まではもしかしたら新米さんは、赤ちゃんのハーハーハーハーというのと同じように、あなたの目と頭と穴あけを1つの方向だけに使うので一杯なのです。それで捉えるということだけでも大変なのです。ところがあなたたちが慣れてくると、赤ん坊がエウ↑ルとやったのと同じように別の穴をあけながら、もしかしたら別のものがみえて来るかもしれないと考えるのです。そしてもう少したつと、それこそハーハーハーもなくなって、エル、エベ、エシ、エハーッて笑ったりするでしょう。呼吸音は、なんにも聞こえないのと同じように、あなたが同じ目と頭とを使い、穴のあけ方を変えたらどうだろう、というのを同じ時間にやってのける、それが発達というものなのです。皆様方自身、そうやって発達してきているのです。

**専門家に
なるということ**

　専門家になるということは、私に言わせると、必要な穴あけを絶えず洗練させ、変えていき、かつては見えなかったものを見ていく、そしてかつての専門性でとらえたものが違った目で見えてくる、これを連続させていくことだと私は思うのです。

　こういうところで皆様方が私の話をお聞き下さるということはどういうことでしょうか。皆様方の子どもは昨日見た子どもと同じです。おととい見た子と同じです。同じようにプリッとふくれた子どもです。けれども私のこういう話を聞き、情報を頭に入れ、その情報をもって子どもを見たときに、ハーハーハーエアル↑とこうやれるようになる、そういう見方をしているということです。これはあなたたちの、ものを見る、あるいは子どもを見る発達なのです。専門性とはそういうものだと私は思います。皆様方がベテランになったということは、無意識的にそれを連続してズーッと積み上げてきたということではないでしょうか。けれどもそれを、今私がお話し

たような意味ではっきりと摑んではいなくて，何となく自分で新しく見られるようになった，とお感じになっていたのではないでしょうか。いろいろ話を聞くたびに，そういう体験は私もあったと思うのではありませんか。けれども今度は自分の頭ではっきりと，穴あけ作業を変えていくことができるでしょう。そしてそのためにはこういう情報を，実際に子どもを見ることにつなげていく，これを摑んでいくと人が見えてくるのです。

　　これは保育だけではありません。たとえば，いろいろな意味で皆さん方が相談にのることもあるでしょう。あるいは皆様方，園長先生でいらっしゃる方は，若い保母さんの相談にのったり，給食のおばさんや，その他の人の相談にのったりすることがあるでしょう。そのとき非常に親切な園長さんは一杯いるのです。けれども相談というのは，この穴あけ作業の融通性をどれだけもっているか，ということが大きな意味をもつのです。ベテランではあるけれど穴あけが固定していると，こっちの葉っぱを食べるチンパとあっちの葉っぱを食べるチンパとの相談のようになってしまう。相談が洗練されていくプロセスは，絶えずそういうふうに人間を見ていく見方の変化，拡がりが一方にあるのです。これが第一です。いいですね。育てる作用を考えていくためには，まずそういう子どもを見ることから起こってくる，私たちの特殊な1つの穴あけ作業が必要です。ある角度から見てそれを変えていくことが出来るのだ，ということを考えてみましょう。というのはこれを変えていくことによって，育てる力を変えることが出来る，ということをあとで申し上げるからです。これが第一の問題です。

穴あけ作業の融通性

因果関係は単純ではない

　　第二の問題はどういうことかというと，今度は子ども側に立ちましょう。皆さん方が子どもに対して育てる作用をふりかけるとき，一方には保育者のいろいろな資質の問題がありますが，他方子どもの受け取り方によってこちらが変わってくるということがありますから，子どもの側を考えてみて下さい。子どもは発達中です。皆さん方も発達中ですけれども，子どもはもっとずっと原始的な段階での発達中です。たとえば赤ちゃんの場合，先ほどダニの話をいたし

ましたけれども，ダニほどではないにしても，ダニ的な意味の感受性をもっているわけです。匂いの加速度的変化に反応してポットリ落ちるというようなことはないですけれど。ですから，あなたたちが複雑な顔をしながらニッコリ笑って，ニッコリ笑った顔だけ見せていると思っているけれど，1人1人その笑い方は違っているのです。一体赤ん坊の何が何に刺激されて1つの状況を起こしているか，これがその赤ん坊によって違っているわけです。

　新生児も刺激をとらえている，それどころか胎児でさえも刺激をとらえていると言われます。だけどとらえている，とらえていると言っても，どんなとらえ方をしているのでしょう。なかにはものの見事にとらえたなどと言ってね，お腹の中にいる胎児がお母さんの声を聞いたときの動き，お父さんの声を聞いたときの動きと，その父さんになるべき人，母さんになるべき人の動き方を電波にとる。そしてそれを解析する。それのどこが違うか，などということを言っています。でも，このコンピューターによる解析はメチャクチャです。

コンピューターの落し穴

　この間あることでちょっと用がありましてある企業の社長さんのところへ行ったのです。社長さん，待っていて下さって，何かの話のときに「岡さん，面白いことがあるんだよ」「なんですか」「脈だけでね，身体の全部がわかる」。専門家がいるから私にして見ろって言うのですよ。本当にイヤダと思ったのですが，彼は目を輝かせて子どものように執拗にやれというのです。どこが悪いかすぐ分かる。脈を上層部と深層部と七カ所でとって，それをコンピューターによって解析すると，胃も腸も心臓も下腹部も，あらゆるところの動脈硬化がみんな分かる。それを解析してやると言うのです。結局やったのです。寝かされまして脈を何カ所か取り，血圧計のようなものでやりました。途中に通していくプログラムがありまして，私の脈は6つくらいの波に分けられます。その人が，岡さんどうだ，どうだとのぞくわけです。そうするとその人，「岡先生，下腹部に何かありますなあ」と言ったので，「ないですよ，私には」と私が言った。「私，20年前卵巣癌で全部とってしまいました」「腸が少し…」って言うのです。「あ，そう腸？　腸は今何ともない。もしそれが出てくるとしたならば，私は結腸部の腸を卵巣と一緒に一度全部1枚はが

しました」。

　彼びっくりしてモノが言えないのです。次に「肝臓は何ともない」と言うのです。「私は肝硬変です。これはCTスキャンで見てちゃんと言われています。目下,治療中です」そこには何ともないように出ているのですよ。一緒にいた人がゲラゲラ笑っていました。それでも「チョット悪いのかもしれない,大したことないです」ってまた言い直すのです。私はそこで「私は本当は肝硬変です。CTスキャンでみた正確な形態的な病状は,左葉と右葉との大きさがもうすでに後退しています。それから肝臓と腹壁の間に少し隙間があります。そして中に水泡が1つあります。また肝臓の機能を代行するために多少脾臓が大きくなってきています」と言った。そしたら慌ててこう見て,「そうですね,脾臓がすこし」などと言うわけです。もうそれはおかしいのです。そのうちいろいろなことを言いだしました。私はそのいちいちに,「こういう形でちゃんと医者にかかっています」。とうとう言うことがなくなったのです。「緑黄野菜をおとりになった方がいいと思います」「私,大好きです。青いものは欠かさずいただいています」。彼,困ったのです。そこへ社長さんが,どうだどうだ,当たったかと来た。ぜ～んぜんと言いました。私は本当はもう1つ詰めてあげたかった。というのは,脈拍はちゃんととれますね。だけどそれを6つに分けるためには何かプログラムをいれなければならない。その脈拍でとれたあの部分の振動は心臓を表す,あの部分は肝臓を表す,あの部分はたとえば子宮ないし卵巣を表す,あるものからなんとかを表す,あるものは筋肉の正体を表す,と分けるためにはプログラムがなければならない。あなた一体,どんなプログラムを使っているのですか,ということです。

　私は自分の身体をチェックして把握していますからいいですけれど,何にも知らない人がこんな解析をされて,あなた腎臓が悪いとか,何かがどっかにあるよなどと言われたらどういうことになるのでしょう。これも,目なのです。穴ぼこなのです。穴ぼこのあけ方のプログラムです。このプログラムは彼が外国へ行って習ってきたそうです。その国の脈をとる医者が,そのなかから何かを抜きだすのはインチキとは言いません。たぶんその人なりの体験で,患者の数をこなして,こういうのが表れた場合にはここら辺に何かありそ

うだ，という1つの蓋然性による判断があります。

　私がなぜこんな話をするかというと，皆さんちょっとこれでびっくりなさったと思いますが，私たちはこういう条件があったらこれがあるという，原因と結果を結びつけることをします。この原因と結果を結びつけるやり方に3種類あります。これをよく知ってほしいのです。第一の種類は，これがあれば必ずこれが起こるということが，biochemical（生化学的）な意味で立証されている場合です。たとえば先に話したフェニールケトン尿症患者ですが，フェニールケトン尿症の遺伝があれば知的障害を起すということが，初めは必然性で結びつけられている。だけどこの形質を発現するまでに，何回かの問題があるのだということが分析されたときに，私たちはこれをコントロール出来るようになり，これと知的障害との間には必然的な結びつきはなくなります。これが分かっていると，私たちの治療である，育てるという意味になります。そうでしょう。だからフェニールケトン尿症患者の子どもが生まれたときに，この子を健康に育てる力とは何か，と言えば一所懸命目をむいてネンネンヨーをやったり，イイコイイコとやったりすることではない。蛋白質をもたない特殊ミルクで育てれば，知的障害を起さなくなるのです。こういうことが分かって，原因と結果との結びつきが否定されたり変えたりすることが出来る現象です。これが第一の条件分析によって育てる力を変えることの出来るパターンです。

　二番目は，今言った必然的な結びつきはいくらやっても分かってこないけれど，体験上，ある特殊な専門家が見ていると，ある条件があるとき，たくさんこれが起こってくる。ある経過のなかで，何カ月で起きるか，何年で起きるか分かりませんけれど，そういうことがあります。それを私は相談員としての体験上知っているし，皆さん方も保母としての体験上，乳児期の保育のなかで，こういう行動をした子どもは5歳時点でこういうふうになりやすい，というようなことを把握していらっしゃるでしょう。そのときに私たちは，前のような必然性でやっているのではない，これが二番目。蓋然性です。自分の体験範囲内における母集団のなかでは，ここにこういうものがあった場合にこういう子どもが多かったという，蓋然性で

（欄外）
科学的必然性

体験的蓋然性

す。私たちの専門的体験によって作り上げた1つの因果関係です。私たちはこういうもので ずい分動きます。

確率的蓋然性　三番目は，こういう体験ではないけれども，この条件がある人はどうなったか，ということを母集団の中でたくさん調査するのです。そうすると，ある確率でこれがあった人はこうなりやすい，ということを見出せます。こうした形でこの蓋然性を把握した場合，たとえば研究者は，お母さんがこうだと子どもはこうなりやすいとか，家庭に問題のある場合にはこうなりやすい，とかいろんなことを言います。この場合も，さきの第二の蓋然性の場合も，どのくらいの人間をどのくらいの幅で見ているかによって，この蓋然性はアテにならないのです。

私たちはこの3つのものを一緒にして，ある条件があるとこうなる，ということを知っていると思っている。私たちはこのなかで行動しているのです。だから実は，分かっているものは非常に少ないのです。では私たちの体験によるこれが，何にも役に立たないかというと，そうではない。1つの目安になる。こうなりやすい傾向があるから，なっていくのかどうか見ていこうとか，研究者がやったらこうなる，ではこの場合はなっていくかどうか見ていこう，あるいはここで与える刺激によってこれが変わるかどうかやってみよう，こういう問題が生じてくるわけです。この場合は研究的な，いわゆる母集団による研究ですから，たとえば数値の上でこれがあった場合には何％こうなる，ならないのが何％，という具合に出てくる。そういうときはみんな，なる方を強調したいために，たとえば53％がなった，などと言うのですね。じゃあ，47％はならないではないかとこっちは言いたいのです。そういうときに私たちは，ただこの％だけでなくて，ではこれがあったときにこれになる確率，ならない確率が53％と47％ではなくて，この条件は同じなのに他のどういう条件があったときになって，他のどういう条件があったときならないか，ということを今度は分析してみるのです。ということは，これが育てる作用と関係があるからです。

条件の多様なからみ合い　私たちは育てる作用を考えるとき，ある1つの条件を抜きだしてこれがあれを育てる，って言いたくて言いたくてしょうがない，ところがたとえば，厳しいお母さんがあったとします。厳しいけれど

子どもを愛している。あることに対してだけはちょっと厳しいけれども，あとはおおらかに受け取っているところがある，という場合と，同じ1つの穴でとらえたときには同じ厳しさをもっているけれども，あとはもう放ったらかし，子どものことなど考えていないという場合は，まるで違った結果が生まれてくるのですよ。そのとき私たちは，たとえば育てる作用を見るときに，穴から見てこれだけを抜きだしても駄目だと言っているのです。研究とはそういうものなのです。だから皆様方が子どもを見ながら体験的に，この条件のときこうなりやすいと言ったとき，なりやすい子どもには他にどういう条件が加わっているのだろうか，ならない場合にはどういう条件があるのだろうか，ということに目を見張るわけです。そうすると穴のあけ方が違ってくるから，同じこの条件のある子どもを見たときに，とらえ方が違ってくる。待ち方が違う，保育が違う，というように違ってくる。わかりますでしょうか，こういうやり方が本当の保育の研究なのです。

　これは実際に，心理学者や保育学者がちょっと研究しようというときに，皆様方が抵抗をお感じになるのは，ここまで突っこみながら，皆様方の目と一緒になって分析していく目がないからなのです。ただ研究者の目で穴ぼこをあけて，皆様方の穴ぼこと違う目つきでとらえて，こういうことが成り立ったと言ったところで，53％と47％などとやられたら，一体何言っているのだと思うでしょう。こういうことが，本当の意味の保育作用とは何かということを，皆様方のなかで本当に発達させていかない1つの隘路になっているのです。私はそう思います。

保育者の育てる作用，関わる作用

　今回のこの5回継続の話で，私が皆様方に一番言いたいことは，今日のこの問題と，次の保育作用を考えるときに，こういうものの考え方を皆様の考え方のなかにいれて，あなたたちのなかにそのように見る目と，保育作用の研究，それから実践のなかからそれらを摑みとる方法を洗練させていく，そういう保育者が出てきてほしいということなのです。それでこそ皆様方が保育者として，今まで研鑽をつんできた意味があるのです。研鑽を積むことによってたくさ

んの穴をあけただろうけれど，もしかしたらこっちの方ばっかり穴があいていたかもしれないのですよ。きつい言い方かもしれないけれど私はそう思います。それをしなければ本当の意味で人間を育てることはできないのではないでしょうか。

現代社会の変動する家庭の中の育てる作用を，一方で摑むと同時に，一方では家庭が変わっていったから悪い，父ちゃん母ちゃん悪い，と言ったって，これだけ働く人が増えたら，やはり皆様保育者が，家庭に代わる形で保育をすることになるわけです。そのときに保育とは一体何をしているのだろうと考えると，こういう形でもしも皆様方が育てる作用をお使いになれば，社会が変動する過程をある意味で補塡しているというか，補完しているというか，そういう形になってきます。そうするとこれにはまた別の大きな問題があるのです。人間は，だんだんだんだん何かを人に預けてしまっていいのだろうか。保育とはちょうど，ホトトギスのヒナみたいなもの，いわゆる人に子どもを預けてしまうことになるわけです。カッコウとホトトギスの関係です。よその巣に自分の卵を産んでしまって，その親の卵をみんな外に放り出してしまうのです。それで自分の卵だけそこへやって，カッコウの親は一所懸命抱くわけですよ。もし自分の卵とウソの卵と2つくらいのこるとですね，生まれてみると，ウソの卵の方が大きいからヒナが大きいわけです。2つ一緒に育っていくときに，どうしても親は，大きく口をあけた方に餌を入れてやるのです。人間だったら双子がいて片方が小さければ，こっちが同じように育ってほしいと思うから，こっちにオッパイをやる。一所懸命ね。大きいのがヤ〜ッと泣いても，アーこの子は自分で飲める，などと思うことが出来るか出来ないか，そこのところは分からないけれど，というのは鳥類の親になってしまうような親もいますからね。でもそうではなくて，人はやっぱり弱いものを育てようとする。ところがブタだってネコだって弱いものは皆追い出されます。お乳の数が決まっていて，ブタの仔の数がそれより1つ多かったりすると，一番小さいのが踏みつぶされていつでも飲めない。一番小さいのははじきだされます，それに親は別口で飲ませようなどとは全然しない。そうでしょ。

乳児保育というのは，そういう人の巣に預けるということを人間

家庭に代わる保育

がしているのではないか，と言う人たちも一方にはあるのです。人間というものはいろいろなこと考えますからね，実際そういう人もいるわけです。けれどまた逆の方から考えると，そういうのがあってもこれは命なのだから，そういう不幸なカーチャンをもったのだけれど，この子どもの命にはかえられないから私たちが人間らしくしましょう，といって皆さんが育てる力を注ぐ。注いでいるけれど，ときにカーチャンの抱卵状態，人に卵を預けているその姿があんまり自分勝手だと，あなたたちは腹を立てるわけですよ。何やってるのよーって，腹立てることがあるでしょう。これもまた人間なのです。けれどそういう人間のなかで，一方では泣いたり笑ったり怒ったりしながら，一方では自分の仕事というものの，目を洗練させていくことをやっていくのが人間なのだと私は思う。だから人間というものは，少し馬鹿かもしれないけれど，またたとえようもなく可愛いのですよ。私はそう思うのです。

　だから人間が面白くて面白くてしょうがないと思っているうちに，何十年か心理学をやるような羽目に陥って，でも本当に面白いですね。そしてまた大変人間が面白いというだけでなくて，私はまあ，人間が好きなのですね，なんとなく。やはりチンパンジーよりいいですよ。いかに長谷川さんがチンパ，チンパと言ったってね，やはりチンパンジーでなくて人間の方が私は好きです。みんなに何とかかんとか言われるのですけどね。やはり私は人間の方が好きだ，その人間が好きだということはどういうことか，それは，こういう目を常に変化させていくことが出来ることなのです。

　子どもの話をしていたらここまで来てしまいましたけれども，生まれたての子どもは，刺激の使い方も違っているわけです。使い方が違うだけでなくて何をつかまえるかということが問題なのです。皆さん方が赤ん坊に語りかける，これは赤ん坊にとって一体，何の作用になっているのだろう，何となく分かっているような気もするけれど，何が分かって何が作用になっているのだろう，ということを私たちのチームでいろいろ研究したのです。0歳のときの親の態度をいろいろ細かく分けたのです。赤ん坊に対していろんな配慮とか，配慮のし過ぎとか，与える場面の豊かさとか，指示の仕方とか

親の態度の研究から

郵便はがき

101-0051

恐縮ですが、切手をお貼り下さい。

（受取人）
東京都千代田区
神田神保町二―一〇

新曜社営業部 行

通信欄

通信用カード

■このはがきを，小社への通信または小社刊行書の御注文に御利用下さい。このはがきを御利用になれば，より早く，より確実に御入手できると存じます。
■お名前は早速，読者名簿に登録，折にふれて新刊のお知らせ・配本の御案内などをさしあげたいと存じます。

お読み下さった本の書名

通 信 欄

新規購入申込書 お買いつけの小売書店名を必ず御記入下さい。

(書名)		(定価) ¥	(部数)	部
(書名)		(定価) ¥	(部数)	部

(ふりがな)
ご 氏 名　　　　　　　　　　　　　ご職業　　　　　　　　（　　歳）

〒　　　　　　　　Tel.
ご 住 所

e-mail アドレス

ご指定書店名	取	この欄は書店又は当社で記入します。
書店の住所	次	

細かく細かく分けて，いろいろやってみたのです。母親自身についても自分のことを満足に思っているのかとか，赤ん坊を産んだことを楽しいと思っているかとか，いろいろな細かい態度などを皆，分けまして，どれが一体子どもの発達を促進しているのだろうかということをやってみたのです。そうしたら，細かく分けたって，赤ん坊の見る目が非常に原始的であるから，そんな細かい差異などに反応しないわけです。だからどうするかっていうと，関わりの種類がいくら違っても，親との間の関わりが多ければ多いほど，子どもの発達が促進される，という非常に単純な結果になりました。

反応のある子，ない子

というのは，たとえば乳児保育で，どちらかというと大人しくて始末のいい子がいるといたしますね。でもその始末のいい子でも，可愛い顔していて，ちょいと起こして突っついたら笑顔がたとえようもなく可愛いから，バーっとやりたくなるような子どもならいいのです。それがブスッとしていて，バーっとやりたくならないような子どもで，しかも大人しくて，皆様方を誘いだすような反応や，皆様方を困らせ，ネンネンヨーとやらなければならないような反応をしない子どもだと，それはあなたたち刺激しない。放っておいてもいいや，と通り過ぎるでしょう。オッパイはちゃんとやってるし，ま，お昼寝のあとは赤ちゃん体操だけはみんなと同じにやってやる。だけどこっちにはニコッと笑って，可愛い子ねぇとやる，そしてこっちにはエッなんてやるのです。エッ，なんて5人の保母さんがみんなやるわけです。みんなですよ。そうするとあなたたちはデイリープログラムでは同じに保育している。この場面では一斉に乳児に対して何かいたしましょう，というときには一斉にやっている。けれど一体，これ同じ育ての作用を仕掛けていると思いますか。違います。大変な差異があるわけですね。もしあなたたちがそういうことを知っていたら，機嫌悪くても何でもいいから，子どもの顔，目と目だけ合わせて，目玉が面白いよとか考える。口きけばカッカ来ているなら，目玉のギョロギョロだけでもみんなに見せていく，こういう保育のカリキュラムをつくったっていいのですよ。目玉って面白いのですから。ついでに口から声が出てくればもっといいのですけれど。大人らしい言葉などきいているひまがなかったら，赤ん坊の大きさに合わせてそれの音声を出せばいい。目玉をじっと見て，

エ↑ルってこうやってね，次はエ→と目玉見ながらやってやったら大変な育ての作用になる。そうではないですか。あなたたちが私たちの専門的研究を利用するというのは，そういう利用の仕方をするわけです。しかもあなたたちが一番省エネになるような使い方をするのです。やはりそのくらいのことを考えるといい。親は自分の子どもに省エネのこと考えないで，無駄にいろいろやっているのですけれどね，そうでしょ。

それともう１つは，関わりの大きさが子どもの情緒の発達に非常に大きな影響を与えていきますから，何が育ての作用になるか，というピックアップ点をもう少し上手に使っていく，という研究をあなたたちはすべきだと思います。私も皆様方にはいろいろの意味でお世話になりましたし，保育士さんにいろいろな意味でご厚意をいただいております。私もそういう意味で，ほかの心理学者がもっていないものの考え方を皆様方にばらまいて，保育のなかにおける皆様方の穴のあけ方を変えていくことに，何とか力になりたいと思っております。相身互いということもございますので。一方では子どもの発達につれて，あなたたちの何を一番強く受け取るかということが違ってくる。そして一応私たちは，ダニではないのですから，目で見て肌で触れて暖かみを感じて抱きしめられかたを感じて，そういうことからだんだんだんだん目で見るものが中心になってきますね。声が分かれば音声が中心になりますね。それから今度は声の調子が分かれば調子になりますね。ああいう調子出したときはオッカナイって分かれば，そこで調子だけで泣いたりね，いろいろするわけです。そういう情況になるということは，子どもは子どもで網目をつくって，穴をあけてあなたたちを見ているということになる。

子どもも刺激を選択している

だからあなたたちが刺激を一方的に降り注いでいても，子どもは発達の穴あけで皆さん方の作用を選択しているのです。だからこっちは考えてみると，選択されるような作用をふりかける，これが省エネになる。そうではありませんか？　そういう相互作用について，皆様方は乳児の発達とか幼児の発達とかたくさん知っていらっしゃいます。その知ってらっしゃる発達を今のような形で自分の穴ぽこと，それから相手の穴ぽこに応用していくといういき方について，それほどはっきり意識していないということです。だからどうする

かというと，心理学など使ってもどうにもならないよ，ということを言ってみたり，私は私の道を行く，体験でものを言いましょう，などと言って，穴のあけ方をまちがえたり，チンパンジーの葉っぱになったり，いろいろするわけです。

だから私に言わせますと，皆様方の子どもを見る目に対する私の受け方の1つは，ある企業の社長さんのところでヘンテコリンなプログラムによっていろいろな診断を受けまして，全部かきまわしてきた，という私の話に通じます。私は別に面白がってかきまわしたわけではない。本当はもう1つ押したかった，どういう形であなた分離なさったのでしょうか，そのプログラムをつくるためには，どういう蓋然性でやったのでしょうか，って聞いてあげたかったのです。

保育と子どもの相互作用

話はまた元に戻ります。そういう形であなたが子どもを見る，子どもは発達によって穴のあけ方をかえていく。その相互作用が保育の作用と保育の効果を入れて，どんな種類の保育になるか，それが子どもの効果との相互作用のなかでどんな領域の心を育てることになるか，というのが私たちの保育とは何か，という最後の結論になるわけです。今日はそれに向かうための基本的なものの考え方の話でございました。ちょっと，理屈っぽくて分かりにくく，チンパンジーの葉っぱだけ覚えているという方もいらっしゃるかもしれません。それと私がヘンテコリンな脈の分析を受けたという話だけを覚えている方もあるかもしれない。ま，それでも結構です。何か穴のあけ方というものに関して，子どもの発達とあなたたちの専門性との間に，すれ違いが起こらないような相互関係をつくることへ向かってのフィードバック，ということを考えていただければ幸いです。では今日はここまでにいたします。

第5回
保育とは何か

　最後の問題として「保育とは何か」ということを考えてみたいと思います。この講座は5回連続でございますので，この前までとどういうつながりで考えるかということを，先に一言申し上げてみたいと思います。

　発達とはそもそも歪みなのだ，何らかの偏り，歪みを人間にもたらすものが発達なのだ，という考え方から出発するという話をいたしました。私たちはお互いにまともだと思っています。ということは私たちは何がしかずつ歪みながらも，どこかで人間らしいまともさをもっている，自分らしい発達的展開の，一番ベーシックな部分は歪まずに，失わずにきたと考えているのです。けれどもみんな多少は歪んではおります。

歪みの原因　　では歪んでいく原因はどこにあるかというと，1つには人間が非常に大きく発達することにあります。発達する過程で，外側からたくさんの刺激を受けると，その刺激によってある方向が決まったり，ある方向が展開されたり，あるものは伸ばされたり，あるものが抑制されたりしますが，こういういろいろな人間の発達的展開は，まったき人間性を生み出していくこととは多少違っています。

　そういう見方から人間を，子どもを，見ると，現代の子どもは一体どうなっているのでしょう。現代の子どもは，ナイナイづくしと言われます。気力がない，意欲がない，我慢しない，といわれる子どもたちです。それはこの発達的展開のなかで，ある種の時代の，ある種の刺激，ある種の方向の刺激を多く受け，しかも存在する刺激が多いだけではなく，ここに人間が加わって，よけいに偏るよう

な作用を受けてきたのではないでしょうか。もちろん私たちだって歪んでいます。しかし先ほど言いました人間の本質として，これだけはもっているべきだ，ということから見ると，現代の子どもは人間として発達しているのだろうかと疑問をもたざるを得ないのです。これが私たちの心配するところです。

意欲を育てる作用とは

　人間も1つの生き物ですから，ヒト族としてもっている感覚で環境的なものをとらえ，それを調節機能で調節し，行動に表現していきます。しかもこの刺激をとらえ，調節機能を発揮するときに，私たちはどんな意欲をもってこの刺激をとらえるか，どんな意欲に満ち満ちて行動するか，それをどんな感動や喜びと循環させていくか，という課題をもって1つの行動の系を作っていきます。その作り方に，ナイナイづくしの子どもの大きな問題点があります。つまり，本来私たちは意欲をもっていますから，同じく自分の能力としてもっている調節機能を動かせば，いろいろなものをパッと把握できるのです。しかし意欲のない子は，その意欲の発動が発達阻害を起こして歪んでいます。目が悪いわけではないのにぼうっと見ている。だから目の中に入ってくるものは非常に限られている。注意力を働かせないで見ているから，常にポワーッとしている。ポワーッとしながらとらえられたものだけが印象にたくさん残っている。山ほどの情報のなかで育つからいろんなことを知っているけれども，しっかりとらえることは出来ない。これはやはり人間の能力として育ち損なっていると言わざるを得ません。

　現代の子どもはいろいろのことを知っていると言われます。知っているということが，この人間の行動全体にどのように影響するのでしょうか。ある種の発達をとげれば，喜びながら頭を働かすとか，感動に満ちて自己抑制をするとか，衝動を抑えるとか，そういうことが，人間のなかで起こってくるはずです。それが出来ないのはどいうことでしょうか。衝動は衝動そのまま，自分の要求が満たされなければすぐ腹を立てる，そうなると相手をボインとやっつける，やっつけてから，あら殺しちゃった，これムクムク起きてこないかな，などと思う。これでは人間として発動すべきものが発動してい

ないと考えざるを得ないのです。そんな子どもが育っていることも事実でございます。

　またそれほど特殊な子どもではない，いわゆる普通の子で，問題もなくちゃんと育っている，という現代の子どものなかにも，発達の方から見て1つの気になる傾向があります。現代の社会のなかにはいろいろな刺激が満ち満ちている，テレビが悪い，ファミコンが悪い，機械が多い，クルマがたくさんあるなど，いろいろ言われています。けれどそれと同時に，この環境のなかには人間もいるのです。皆様と一緒に育てる作用とは何かということを考えたときに，1人の人間が環境として，発達に対してどのくらい刺激になるかをお話しました。たとえばある母親が，自分の子どもにとってどういう育てる作用になっているかを考えたとき，あるふるまいをした場合は，子どもが意欲を燃やす，けれども母親が「意欲を燃やせ，意欲を燃やせ」と追いたてたら，絶対に意欲を燃やさない。自分でしなさいと放り出しても子どもは動こうとしない。つまり育てる作用を考えると，ある人間の存在がどういう刺激になって子どもに対するかによって，同じ人間が違った作用になるのだということをお話しました。

　私はよく，この年になってもある種の発達をしている，意欲に満ち満ちている，楽しそうに仕事をしている，あれはもって生まれた天分で特別なのだ，などと言われます。とんでもないことです。私に対して私の母親がどういうことをしたかと言えば，意欲に満ちた人間になれなどと言ったことは一度もない，ただ私を愛してくれて可愛いと思ってくれた，けれども自分の目を使えと放り出されていた。母親は心理学をしたわけではないけれども，子どもはそれをするものだと思っていた。だから私は自分の目を使い，面白いと思ったものをいたずらしたり，つぶしたりしていた。それが人に迷惑にならない限り，子どもはああいう下らないことを面白がるのだからいいじゃないと，許容してくれた。同じ子どもを愛する母親が，どういう育てる作用の刺激になったかを考えると，私の行動の系を作ることに対して，これが非常に大きな意味をもっていた，とつくづく感じます。

　私の父の職業上，うちにはいつもお手伝いさんがたくさんいまし

た。こんなにお手伝いさんがいるために，自分のすべきことを自分でしようとしない人間に育ったら大変だということを，親は一番警戒してくれました。私が幼稚園の頃から，あの手伝ってくれる人たちは，お父様の仕事のためにうちにいる人たちです，子どものためにいるのではありません，自分のことは人に頼んではいけません，自分でしなさいと，しょっちゅう言われていました。引越しのときのこともお話しましたね。自分の名前が書かれた木箱が3つ配られて，あなたたち1週間のうちに，自分で大事なものをだめにしないように，忘れ物をしないように，ちゃんとお詰めなさいと言われる。私たちは，たとえばクマをつぶしちゃいけないと思って考える，何と何の間に入れたらつぶれないかと。この1週間は実に面白かった。目を見張って，大きさを考えて，あそこの隅に詰まるだろうかとやってみる，詰まったけれどこの本との間じゃだめだとまた引きぬいて詰め方を考える。これは私の行動の系を育てるのにどれほど役に立ったでしょうか。もし私の母親が今風の親だったら，勉強が大事だから親が詰めてやって子どもには勉強をさせようとしたでしょう。そういうことをしなかったこの幸せを思います。母親の育てたもの——自分の目で見張ってまわりの事態をつかみ，それを面白がってすること，出来たときああよかったと思い，開けたときには，ああ壊れていなかったという喜びが襲ってくる，そういう循環を作ってくれたのです。

　皆様方もそういう意味でご自分の育ってきた姿を見てご覧なさい。私，放り出されたわとか，何かしてもらわなかったとか，そういうことがあるかもしれないけれど，それであなたが働かすことの出来る能力は何なのだろうかと，考えてみてごらんなさい。今の子どもたちは生活のなかでどんな能力を，どんな機能を，瞬間，瞬間に働かせながら自分の行動体系を作っているのでしょうか。そういうことを考えますと，現代社会の育てる力は，ただテレビとかラジオとかではなくて，自分の能力を積極的な意味で使うことに対して，あまりいい環境ではないのかもしれないと考えずにはいられないのです。ついこの間のことですが，7日と8日は，テレビがほとんど旧天皇と新天皇のことばかりでしたね。そうしたら若者が，つまらないこんなの，で，ビデオ屋さんは大はやりと報道されていました。

つまらなければ消せばいい。消さないでビデオテープを入れなければならないのは一体どういうことか。その間，面白くなかったら消して，自分の能力をどう働かそうかと，なぜ考えないのか。よそから刺激があって，その瞬間それを見て，ああ面白いと時間をつぶさなければ，その時間，面白いことをした気がしないという，そんな人間になりおおせているということですね。これはものすごく怖いことだと思います。

そういう子を作らないために，この乳児期を考えようと言うと，いや，うちの保育園の子どもたちは，幸いにそうじゃありません，とお思いになるかもしれません。けれどあなたたちの保育園で育った子どもが，そういう青少年になって来ているのではありませんか。そうするとその時期にどういう人間を育てることが，あなたたちが人間として現れ，刺激となることの意味かということについて，考えなければならないと思うわけです。

こういう問題をそのままつなげていきますと，私たちはこの時期に，一体どんな保育をしているのでしょうか。現代社会のビデオ漬けになってしまう子どもの生活のなかで，ちゃんとした自分の能力を働かすような，人間としての基本を育てる保育をしているだろうか。これを考えなければならないと思います。そういう流れのなかで保育を考えたいと思うのが，まず1つです。もう1つは，人間が発達するということは歪みである，というところから出発した一連の行きつく先の保育の考え方です。

保育の意味を変えた0歳保育

もう1つの方から話します。保育園は，家庭に代わって子どもを保育すると言われています。家庭に代わるという意味は，時代とともに変化します。かつては親がやむを得ず働いていて，自分の子どもの面倒を昼間みることが出来ない，そういう家庭に代わって皆様方が保護をし，親としての役割をある程度果たしていくというものでした。一応それでみんな納得して保育をしてきたわけです。ところが一方では働く親たちが多くなり，0歳保育がぐっと増えてきた。0歳保育が増えることは，保育園の家庭に代わるという意味を複雑にします。なぜ複雑にするかと言えば，親と子どもとの関わりのな

かで，0歳の赤ん坊のなかに出来てくる体制を，あなたたちが作らなければならないからです。たとえば2歳くらいから預かるなら，初めの0歳から2歳の間は親が考える。1歳あるいは1歳半過ぎてからあなたたちが預かった場合，あなたたちが家庭に代わるという意味は，家庭でするそのくらいの子どもの保護，栄養や，生活のリズムなどの世話をするということです。もっと前の段階から預かる形になりますと，その前の段階で親は子どものどういう体制を育てているのかということを，もう一度考え直さなければならないことになります。また一方で，子どもの方から見れば，子どもは非常に未熟ですから，赤ん坊があなたたちをとらえるとらえ方は，2歳，あるいは1歳半から預かる場合とは異なり，あなたたちの存在はまるで違ったものになってきます。また赤ん坊側から言って，保護とは何かということも1歳半ないし2歳から預かる場合とひどく違ったものになります。

　最初の段階では，あなたに抱き上げられて目と目が合ったその瞬間，その目だけであなたをとらえているのかもしれない。ところがあなたが抱きもしない，目もキラキラさせないで，子どもがじっと見ようとしたとき，あなたの目がすぐ隣に行ってしまう，ということになると，あなたの存在は子どもにどうとらえられるか，それは非常に物に近いものになっています。

目の存在　親は少なくともおっぱいを飲ませている間は，じっと抱いて見ています。この目の存在を見ただけでも，非常に違った意味をもっていますね。かつて0歳児保育が始まった頃，寝かせておいてちょっこらと哺乳びんを持たせ，またちょっこらと持たせ，ちょっと目が合ってもすぐ放していた。そうすると，子どもがとらえたあなたの目は，大きな意味をもたないのです。あれが近づいてきたらおっぱいだと思う，目よりおっぱいの方が大きい。ところがあなたたちが母子相互関係の問題を理解するようになってからは，抱いて飲ませるのは，ただあったかみを与えるだけではないと分かってきた。

　あなたたちの目を見せる。目は顔の中で1つだけかっかと動いています。丸いものを子どもは好きで，首につるしたガラス玉だって，ボタンだって子どもは嚙んで離さない。目くらい面白いものはないのです。目を見せることは，ただ母性的な状況を与えるだけではな

いのです。「面白いな」と思って見る意欲と，外界認知に対して興味をわかせ，積極的に子どもが働きかけようという行動体制を作るわけです。そうなると，あなたたちが０歳保育をするのなら，自分の目を見せるとか，子どもとラポールをつけるなどというのは難しい問題ではないのです。子どものなかから育ってくるものに，ほかのものに対しても「面白いな」と思って見ようとする，その前の態度を作ることが要求されるのです。そのために，自分の目をどのようにこの子どもに注目させようか，ということが保育になってくるのではないでしょうか。

　そのように変わってくると，目を見せて口もパクパクすれば面白いから，口もパクパクパクパクあける，そこから音が出てくればもっと面白い，そこで子どもはそういうのをじっと見るわけです。また口の中から舌をベロッと出すと，子どももベッとちょっと真似をする。そのときに，こちらが喜んでやって強化するかどうかがこれまた大きな問題です。子どもが真似したって，まあ目を見せておいてアバーッて言って次の子へ移ればいい，というものではないのです。そこの関係を考えると，子どもがそれを見てこうしたとき，親ならアーッてまたもう一度働きかけますね。子どもがまた喜んで，エルーッてこうやりますね。それはどういうことかと言えば，子どもが働きかける外界認知と，相手が反応するという行動体制に，報償を与えて強化していることなのです。喜びを与えているのですから，それに強化されて子どもはもっとあなたの目をみる，こういう循環が起こってきます。私たちが親に愛されて育つということは，そのような最初の段階における人間の体制を育ててもらっているということではないでしょうか。親に代わるということは，そういう意味までもっているのです。乳児保育が入ってきてから，こうしたことが非常に大きな意味をもつようになりました。

行動の強化

　最初，乳児保育は東京都の場合，９カ月から導入されましたが，６カ月からになり，さらに産休明けで預かるのが出てくるようになりました。このことは保育の意味，親に代わることの意味，子どもの行動の系を育てる力としての皆さんの意味を，どんどんどんどん変えていったということなのです。親が育てられなかったらどうするか。公立の保育園のような場合，皆さんのように勉強した保育士

さんがいて一族くらい抱えたつもりで保育をやっている。それで親は安心出来るし，それが出来ないならおばあちゃんに預けて，それをしてもらう。おばあちゃんに育てられた子は三文安いなんてけちなことは言わないの。おばあちゃんの目と口とパクパクと報償の循環で，子どもの基本的なものを育ててもらえたら喜んで預けたらいいではないですか。0歳保育が始まってから，保育の意味が大きく変わってきたのです。

　ではすべて親代わりでいくかというと，保育の意味は複雑になってきています。かつては親が育ててから保育園に入ってきた。そこは集団であり，ほかの子どもがいる。あなたたちは先生として，保母さんとしてそこにいる。家庭に代わって長時間預かるから，子どもを保護する機能も幼稚園より大きいし，食事や基本的習慣にまで関わるしつけもする。それだけではない。非常に大きな問題の1つは，家庭というものがあり，親子が先にいることがあります。産むのは女性であり，おっぱいを出すのも女性です。この頃はお父さんも一緒に育児するのかもしれないけれど，大体お父さんは外へ出て行くことが多いから，女性がどうしても主体になって世話をして，子どもに対して今言ったような行動体制を作ります。一方ではここで成立したものが非常に強固になるから，子どもはその人にすがったときは，その能力を働かせることが出来るけれども，その安定した相手のいないときは，安定感や喜びや強い意欲やそういうものを，それほど働かせることがない，つまりそのパーセンテージが落ちてくる。もしもたくさんの人がいて，つまりじいちゃん，ばあちゃんもいて，じいちゃんはちょっとうるさい顔をしながらも，ひげを触らせてくれるなどがあれば，種類の違った人間のなかで関係を拡散していく過程をすでに子どもは味わっています。母親を通して，今言ったような意欲と喜びと，そういうもので強化された外界認知や，ものを考えたり活動したりする行動も育ってきます。そして基本を刺激されると同時に，少し毛色の違った強化の仕方に広げていくことが出来ます。

関わりをどう拡散させてゆくか

　けれども現代の家庭の中の広がり方はしょせん少なく，また狭い。

それが2歳，3歳になって，保育園に行くことになりますと，ここで全然質の違った人間の目を見ることになります。格好だけは母親と同じようなものだけど，肌合いはまるで違う。だから初めは馴染まない。当然です。馴染む方がおかしいくらいです。そういう人のなかで，同じような，似たような関係を子ども自身が発見していく。安心感をもって，その人との間に先ほど言ったような循環を成立させていくことを子どもが学習するのです。これが集団の生活に馴染んでいくプロセスです。

かつての保育園は非常に特殊な子どもだけで，そこから出発しました。だからあなたたちは一方ではライフケアという，1日のデイリー・ライフケアをやると同時に，子どもの前に私にも関わりを拡散してよ，と現れるわけです。隣の先生にも拡散してねと言うのです。他の子どもについても，あの目のついているのとは同じような関係になるよ，と子どもに馴染ませていく過程があったわけです。それが今度は0歳から始まりますと，ここであなたたちの人相が，質の違う2つの任務を同時にもつ形になります。

保育の二つの任務

たとえば0歳保育をあなたがしていらっしゃるとします。その0歳児の前で，あなたたちは目と口をパクパク見せて，子どもが反応すればまたそれを強化する，という形で循環を起こしていく任務を負いますが，同時に子どもの成長につれて，今度はあなただけでなく，こっちに馴染むときはどうなるかとか，ほかの子どもがあなたに馴染むときはどうなるかとか，この拡散の意味ももつことになるわけです。そうすると，馴染むという形で親的な循環が起こることと，集団の中に家庭の状況が広がっていくことの，両方の任務をもつのが保育士だということになる。ですから場合によってはそのなかで子どもがいろいろ動揺しても当たり前なのです。だから0歳児室にいて，ある保育士さんとある程度安定した関係が出来た，キョロキョロも出来た，これが次の1歳児のところへ行って他の先生に移る。初めはうまく橋渡しできないのが当然です。前のがベトベト可愛がったからだめなのよ，等と言うことはないのです。それはその保育園でそういう役割がダブってあるからです。

次に1歳児室でそれを引きうけた人は，まず自分の受持ちの子どもについて，どういうタチの保育士さんに親的な循環を作ってもら

ったかどうかということを見るのです。そうすると，上手に作ったように見えながら，実はそうではないときがある。私，よく話しますけれど，同じ乳児室に並んでいても，騒ぐ子どもと騒がない子ども，初めから声を出す子どもと出さない子ども，どちらかと言えば可愛げのある子どもとブスッとした子どもがいますね。そうすると保育士さんは，そこを通りながらオムツの世話はするけれど，どれだけそういう行動体制を強化して引き出したかはまるで違う，強化の度合いが10分の1にも満たない子どもを作ってしまうこともあるのです。これは見事なものです。この子，乳児の部屋でおとなしかった，などと言われるような子は，大体そういう形の循環を非常に少ししか受けていません。

強化されない子　そのおとなしかった子が1歳児の部屋に行くと，ほかの子どもたちがキラキラと目を輝かせているのに，1人だけボヤーッとしているのです。この子，少し頭の発達が遅れているわ，ということになるのですが，そうではなくて，静かなために，あるいは目立たないために，その循環をあまり作ってもらえなかった結果ということがあるのです。最初の馴染みの保育士さんから違った人に受け渡されていくということは，そういう形で拡散していくことなのです。ワタシも，あの愛着をもった馴染みの保育士さんと同じような人間として，そういう関係が出来るのだよ，ということを最初に子どもが納得するまでやるのです。受持ちが変わったときは，それに時間がかかるのは当たり前です。いきなり飛び掛っていって，私も仲良くなろうなどとやらなくていいのです。少しポケーッとした子がいたとしても，いろいろな関係をつけていくことによって，子どもは何を学ぶのでしょうか。もっと後で，保育園を出てからいろいろな人に対人関係を移行していかなければならないときに，同じように拡散しながら，人との間に同じ関わりをもつ過程が作れるということを学ぶのです。0歳児から1歳児，2歳児，となるときに，肌合いの違う保育士さんとの間で子どもがそれを作っていくということが，保育のなかに存在するのです。

　1つの保育園の中には，大体20人くらいのずいぶん肌合いの違った保育士さんがいます。体格も，ギスギスした人もいればふっくらした人，どっしりした人と，いろいろいます。声も違えば，目のキ

ョロキョロだって違います。抱いたときのクッションだってまるで違う。そのなかで私たちは，最初の5年間の保育を通して，もっと広い社会に出たとき，人間はいろいろ違うけれども同じような関係がもてるのだという確信を，子どもたちに与えていくのです。あなたたちが保育士として，人間という刺激として，存在する一番大きな意味はそこにあります。

　これを忘れてデイリープログラムとか，5領域とか言って，平均に発達させるために，さあ絵を描きましょう，何とかしましょう，ご飯を食べてオシッコに行ってどうとかしましょうと夢中になってやっている。その間に，もしかしたら子どもの側からみるとデイリープログラムをやってくれる保育士さんとの間に，人との関わりを拡散する関係を取り結んでいる場合もあります。絵を描こう，何とかしようをたっぷりやっているのにもかかわらずですよ。その子があなたにとって始末のいい子で，しかも活発だったりすると，あなたは，ああよく出来たね，やったの，えらいねえ，などと言って行動を強化している。一方，あらあら，またやっちゃったの，と言われるものもいる。いろいろな子どもがいて，みんな違う関係をもちます。そのなかで子どもは別に早くオシッコの始末が出来るように望んでいるわけでもないし，絵をちゃんと描けるのを望んでいるのでもないのです。子どもの方からは，そういう1つの関わりを拡散していくような，人間関係の系を作ってもらっているかどうかが大きな問題なのです。

子どもを駆りたてないこと

　そういうことが中心になっていることを考えれば，皆様方が保育のカリキュラムを作るときのポイントが，少し違ってくるのではないでしょうか。無手勝流でやれと言うのではないのです。何をやってもいいと言うのではありません。集団ですからあまりゴチャゴチャになるとどうにもなりませんから，ある程度の基準はいるし，皆様方が勉強してきたカリキュラムやデイリープログラムも役に立ちます。それを1日の進行状態として頭の中に入れておくことは大事ですが，それを遂行させるために一所懸命子どもを鞭打たないことです。「さあさあ，こっちじゃないか，こっちじゃないか」「まだ残

しているの，食べなさい，食べなさい」「あなた，こっちでお残り」とか，「壁向いて2人で食べなさい」とか，これはこの頃少なくなりましたけれど，かつてはずいぶんありました。どうしてこの子はこんなに遅いのだろう，全部食べるの待っているとお昼寝の時間がなくなると言うのです。一所懸命食べさせればもっと早いかもしれない。まだ残ってる，残ってる，などと言って食べさせればね。でもお腹がすいていれば食べるのです。保育と言うものはもっと基本的なところで，どうやれば子どもが楽しく食べられるかを考える，もう嫌になったら止めてもいいとか，隣の子の豆がほしかったら，豆，豆，って隣からもらったりするのです。人のものもらったりしないの，自分の中にあるでしょ，などと言わないで，もらうことによって隣との関係や，あっちを見ておいしそうなものがある，という意欲する心だって育つのです。そうしたなかで，何が育っているかをもう少し考えなさいと私は言いたい。

意欲する心

　先生は自分が保育をしたことないからいいようなこと言って，どんなにこれがクチャクチャになるか分からないのだから，と皆様方は言いたいのかもしれない。クチャクチャになったっていいではないですか。家の中で子どもが育つとき，親は，クチャクチャになるからどこまで食べなければいけないということをしますか。もっともこの頃はそういう親が出てきて困るのですが。「早く食べろ，早く食べろ，食べられないなら止めとく」とやるのですね。けれども子どもの発達を考えてごらんなさい。子どもが自分の能力を発達させるとき，ある能力が育っているときにはそれに夢中になって，他の能力はストップすることがあります。そして他の能力に向かっては，喜びや，したいという意欲が同じではない，という話を前にしました。こういうデコボコが発達にはあるのです。それを私たちは許されて育ってきました。でもそれを許されない子どもがたくさんいるのです。

　また自分の話になりますが，ちょうど1歳半の動きたくてしかたのない時期，食べている最中も動きたくなる。細かくちぎってくれたパンを食べる。それを1つ食べると立ちあがってぐるぐるぐると回ってくる。また戻ってきて，1つもらって食べ，またグルっと回る。他の子どもたちはみんな座っているのに私は1人，1つ食べち

ゃ動き回る。ちょっとひどいので，母親が注意しようと思ったらしい。そうしたら父親が飽きれば座るようになるから放っておけと言ったのだそうです。それで母親は手を出さなかったと言っていました。私はそんなこと知らないで食べちゃ座り，食べちゃ回りして，そのうちに1回りするのに飽きたわけです。誰も大騒ぎしてくれない，知らん顔している。面白くないじゃありませんか。そんなことしちゃ駄目って言われると面白くなるのです。それを放っておかれるから面白くないわけです。みんな知らん顔して，みんな嬉しそうな顔して食べている。そうすると私もそこへ座って食べるようになる。私はそう言う体験を踏み台にしながら1つのものを伸ばしていきました。一方ではくるくる回る楽しさを体験しながら，他方では座ってそれを卒業していくのです。

体験して卒業

　小さい子どもを育てるときは，こういうような興味をもった場合，あんまりひどいことでなければ体験させてから，それを卒業させるという1つのスタイルをもつことも大事なのです。普通の家庭では家族はまあ4，5人ですから，それでいい。でも保育園の13人がクルクル回ったら大変かもしれませんね。でも知らん顔していればある程度そういう形が起こってくるとか，座って食べている子にニッコリ笑って，その子も座りたくなるのを待つとかして，子どもが自分で自分をコントロールしていく力を育てていくのです。

　私たちが人間のもっているこういう能力を育てるとはどういうことでしょうか。場面をまき散らして刺激を与え，能力を伸ばそうと皆あまりに思いすぎています。しかも皆さん方は子どもの目の前に現れて，親に代わる最高の存在として，子どもとの間にアタッチメントを作るのですから，あなたが目を見て笑っただけで，子どもにどういう影響を与えられるか，この強さをもう少し自分で誇りに思ってもいいと思います。ただし，そのためにはあなたたちが人間として，子どもにとって魅力のある人でなければ駄目ですよ。あなたがニコッとしても，バカー，などと思わせるような存在だったら何の意味ももたないではありませんか。あの先生がニコッとしてくれると自分も楽しくなる，という人間的環境として，あなたが子どもに受け止められることを，まず最初に確立する必要があります。そこであなたの存在そのものが，子どもの能力を育てていく上で，つ

まり保育のなかで，中心になるのです。私はそう思います。

　それと同時に，先ほど言いました二重性をもった存在になりますから，最初の，抱きしめてじっと見つめる関わりという形で親の代わりをしながら，子どもの意欲を引き出していくのです。皆さん方はよく自然観察とか，物への興味を引き起こすとか言って，物を並べてさあ，「見てごらん，見てごらん」とやるでしょ。子どもが何かを見たくなるということは，結局，あなたの目玉との間に1つの関係をもって，それをやりたくてたまらなくなる気分を，子どものなかに確立させてもらうことなのです。子どものときにこれをしないとどうなるかというと，ボケッとして意欲をもたない子になるのです。こっちを向けと言えば一応向くけれども，何かを活き活きとやりたくてたまらなくなるような気持ちをもつ子どもには育たない。こういう基本的な体制を育てないで，何となくおとなしくて，何となく目立った子ではない，けれども邪魔にもならない，「あぁ，あの子やっぱりいたのね」って帰るときになってやっと気がつくような子どもとしてずっと1日過ごしているのです。そういう子どもたちの人間としての歪みとは，すべての発達には歪みがある，というときの歪みとは異なる，いわゆる引き出されない人間性になっていくのではないでしょうか。とくにこの点を保育は大いに考えなければなりません。

　0歳保育が多くなり，保育園で面倒をみてもらう子どもが増えてきたということは，かつては家庭の中に出来そこないの親がいたかもしれないけれど，それでも親たるもの1人か，2人，3人の子どもをもって，そういう役割を何とか自然に果たしていた。その役割が統制された集団の中に移されて，あなたが保育をやっていくときに，子どもたちをある場面から場面へと連続して引きこんでいく生活が始まる。そのなかで，生活はちゃんと確保し，シェルターを与え，日常生活はこなし，あるいは基本的生活習慣のしつけをするというようなことは出来るかもしれないけれど，人間性としては大変なものを作っていくことになっていくのです。養護施設の場合はもっと問題は大きいと思います。そこで大変熱心に，親に代わって子どもを育てているつもりでも，一番の難点は，このデイリープログラムとカリキュラムの中に子どもを押し込んで，先に言った循環を

意欲をもたない子

作らない。子どもは何となくそこに，そういう形でいることが多い。

意欲を削る代行機能

　私はよく代行機能の話をします。たとえば機械や器具が世の中にはあふれている。それに代行されて，子どもはそういう能力を使わないですむようになっている。玩具でも，たとえば飛行機のような場合，自分で作って飛ばさなければならないときは，どういう能力を働かさなければ飛行機の飛ぶ面白さを味わえないか，子どもは知っています。ところがボタンを押して飛ぶ飛行機なら，子どもはただ，押していればいいのです。ところが同じ飛んだ場合でも，飛行機を飛ばすことによって味わった心の体制はまるで違います。もちろんボタンで飛ぶ飛行機もいいですよ。けれどかつての子どもが一所懸命つたない技で作ったとき，ゴムを回して，飛ぶまでに味わった子どもの体験，そこで働かすことが出来たいろいろな機能の組み合わせを，今，他のどういう体験で味あわせてやることが出来るのでしょうか。それが問題です。

　能力のある保育士が，一糸乱れぬやり方で子どもを保育の現場に引き込む。「秋になったら観察をしましょう。生き物も観察します。亀にします。さあ，亀さんどうかな，首が出てきたよ，つついてごらん，ほうら出た出た」なんてことを言う。本当に日本人は代行機能が好きですね。電車が入ります。白線の内までおさがり下さい，なんてわめいている国はないですよ。おさがり下さいって言われるからさがる。私たちの社会はとてもこれが発達していますから，この社会全体によって自分の機能や能力を働かすことを譲り渡して行く作用があるわけです。それではとばかり，小さいうちからおさがり下さい，おさがり下さいではなくて，親がほらさがれ，さがれ，ほら足出して，とやっていれば，足を出さなければいけないだろうと自分で考える機能を失っていきます。保育園の中で怖いのはこれです。皆さん方，一糸乱れぬ保育をしているときに，子どもたちが考えなければならないことをあなたが先回りして考え，指示している。

代行機能の好きな日本人

　養護施設はもっとひどい。何十年も前のことですが，神奈川県の有名な養護施設で，私の学生が養護施設における子どもの発達の歪

みという問題について研究した。彼女が施設長に会ったとき，施設長はニヤリと笑って，うちは家庭的だから歪みなんて出てこないよと言われたそうです。それでも彼女はそこで3歳児を対象にしていろいろやってみると，ある1つの機能に限って子どもたちが出来ない。3歳の知能テストに「お腹がすいたらどうするか」というのがあります。普通の家庭で聞けば，なんか食べるの，とか，お母さんに言うとかが出てくる。ところがここではそれが出てこないのです。お腹がすいたらどうするかというのではなくて，鐘がなったら食堂に行くのです。眠くなったらどうするか，眠くなったらではなくて，寝る時間がきたら寝るのです。2歳まで家庭で育った子どもたちは3歳でこれを聞かれると，お腹がすいたらご飯を食べるとか，眠くなったら寝る，お母さんに言うとか言うのです。けれどもそうでなければ分からない。お腹がすいたということと，ご飯をたべるということと関係ないのです。それを施設長に言ったらプイッと怒った，怒ったけれども考えることが出来る方ですから，そういうことがあったのかと分かったでしょう。

お腹がすいたらどうするか

　お腹がすいたから食べたい，ということがなくなる。それはどういうことか。他のことでも私たちは飢えることがなかった場合，したいという意欲が起こらない。今の子どもは精神的な意味において飢えを知らない。前から用意されたものが目の前に並んでいる。いつでももらえる形だったら，あれをしたい，これをしたいというものが，意欲のなかから出てこない。保育園の中でもデイリープログラムがきちんと決まっていて，お腹がすいたから食べたくなった，という体験を子どもたちにさせない。ある程度まで食べなさい，食べなさい，早く食べなさい，残さないでしっかり食べなさい，そら食べないと大きくならないよなどと変なことを言って食べさせるのが普通でしょ。どういうことなのでしょう。お腹がすいたら食べたくなる，これは私たち人間の基本ですね。

　基本的なしつけのところで取り上げたことですが，同じしつけの場合でもどういうしつけをするかによって，基本的なしつけを構成する一番最初の問題に差があります。たとえば寝ること，食べること，オシッコをすること，それから清潔を保つというようなことを，私たちは皆基本的習慣のしつけと呼んでいます。そしてこういうと

きはこういう風にしなさいと言って習慣づけようとしています。ところが単なる習慣づけなどというものはないのです。一方では膀胱が満ち、一杯になったという意識をもち、お腹がすいた、眠くなったというのがあります。問題なのは手が洗いたくなったなどとは思わないことです。そんな必要などないのですから。私たちのもっている衝動的なもののなかにそういう要求があるかどうか、みんな違うのです。そういう要求が、要求のままにつかんで食べ、要求のままにオシッコが一杯になるまで我慢するのではなくて、礼儀正しく、次のときにオシッコをもらさないと思ったらその少し手前で、要求が満杯になる前に行くということをやります。そのような行動をどうやって文化的手段に合わせて子どもに形成していくかということが、基本的習慣でしょ。

挨拶したいという要求はない

　ところが手を洗うというのは、要求のないところにつけなければいけないから、しつけ方は全然違うのです。挨拶したくてしかたない、なんて要求はないのです。それを親はだいたい間違えています。コンニチハしなさい、コンニチハと、初めて会った人になんでコンニチハしなければならないのですか。要求はないのですよ。じゃ先生、ほっといていいのですかと言う。しつけたいと思うなら、初め会ったときは、親だけコンニチハと言いなさい。子どもはそのままにしておいてかまいません。そこの家でさんざん楽しく遊ばせてもらったらいい。子どもの方に面白かったという気分があるわけです。そうしたら帰りに、面白かったね。おばちゃまの所で遊ばせて頂いたね。じゃまた伺いたいからサヨナラしましょう。そうしたら子どもはサヨナラって言うのです。心の中に起こってきたそうしたものに合わせながら、私たちの社会的習慣の形態にひっかけていくのが基本的習慣です。それをオシッコも、食べることも、手を洗うこともみんな一緒の習慣づけだと思っているのは大変な間違いです。

しつけのタイミング

　それにまた時間的タイミングが入ってくる。オネショをする子どもを起こしてはいけないと言いましたね。子どもはビショビショになって目がさめる。初めはビショビショになって目が覚めるけれど、そのうちに膀胱が一杯になったサインを子どもが頭の中に把握するようになるだろう。そのときに、目が覚めたら連れて行ってあげるよと言っておきなさい。すると子どもの方から「ママ」と言うでし

ょ。そのとき半分出かかったってかまわないじゃないですか。よく目を覚ましたねねと言って、喜びと循環させる。次のときはちょっと前に目が覚めるようになるよ、ってニコッと笑えばオネショは早く卒業します。それをオネショしてはかわいそうと、初めに要求の起こる前にたたいて起こしてオシッコさせて、オネショを全然させない。有名な精神科医の例を話しましたね。ばあやが1歳半から小学校5年まで夜中に起こし続け、そのばあやが急死すると盛大なオネショを始めた話です。あれはこういう要求を無視している。こういう要求が自分の頭にサインを送って、それで目をパッチリあけなければならない、これじゃ間に合わない、アッと行かなければならない、という体制を作ることを代行機能によって発達させなかったのです。それがいろいろなところに起こるのです。おまえ、どうしてそう意欲がないの、と母親は言うけれど、たぶん代行機能によって意欲など母親にもぎとられ、子どもは取り残されてトイレに行ったように、表面的な行動ではそれをやってのけるということが起こっているのです。

保育と代行　現代の保育園の中で皆様方が有能な保育能力を発揮すればするほど、そのプログラムのままに子どもを引きまわしながら、幾多の代行機能を行ない、子どもの能力が展開していくのをつぶしていく。保育園の中では無事にいっているから、この子、ちゃんと卒業したよと言っているけれど、あとからどこかでそれが出てくる。意欲の方に起こるのか、じっと見る態度に起こるのか、要求を自分で確かめる能力を失うことに出るのか、出方はさまざまでしょう。だからオシッコしたって、パンツにおもらししたっていいじゃないですか。家庭に代わるということは、家庭の中でそういう体制を作っていくのですから、集団の中だってやるはずなのです。

個人差を読む　だってあの子、やらないじゃない、ということがある。それは個人差があるからですよ。私の近所の子どもさんですが、1人の子が言葉が早い、言葉だけ早い、1歳半のとき、2語文をしゃべっていた。口だけ聞いていると、驚くほどです。ところが4歳になってもオシッコが駄目なのです。お兄ちゃんがからかう。「先生これ聞いて

下さい。この言葉大人並でしょ。これはお尻が駄目なんですよ」そうするとおばあちゃんが，みんな言葉の方にいっちゃってお尻の方が駄目になったんですね，などと言うのです。どこから先に大脳支配が起こるか，非常に大きな個人差がある。だからそれをそんなに辱めてはいけないのですよ。よけいおかしくなってしまいます。あなたたちのところにも何時までたってもオシッコする子いるでしょう。するとどうしてこの子こうなんだろうと思う，その子も恥ずかしくなりますね。こっちの子どもは我慢する力がない，みんなデコボコになって，どれが先にコントロールされるかわからない，発達の歪みというのは1人ずつ違うのです。なぜ保育園でそれをやるかと言うと，5歳までの間にデコボコがありながらも出来るようになるのです。そのときに辱めたり，それだけが秘密のことになったり，それだけが恥ずかしいことになったりして，そうっと他の子に隠れてパンツを替えたりすると，その後を追いかけながらやってくる発達が，不要な感覚と循環して起こるようになる。出来るだけそういうものを止めていくことが，保育として重要なことだと言いたいのです。そういうことを保育士が知っているか，知っていないかだけでも子どもの幸福は違ってきます。

保育の良さ

　親はだいたいこういうことを知らなかったけれど，子どもはそんなものかもしれないと，もっとおおらかだった。ところがこの頃，ともかく子どもを早く伸ばさなければいけない，早く，早く，という意欲に満ち満ちていますから，何とかしなければいけないと思います。保育園の保育士は，親とは違って，もう少し客観的におおらかになれるはずです。保育園で育てると，とくに個人差については，一度に十何人の子どもを見ながらそれを摑むことが出来ます。こっちはあっちよりみんな早く発達して，あっちはこれが早くて，全部駄目なように見える子は0歳保育のときニッコリしてやらなかったからだとか，そういうことがみんな分かるのです。そういう発達の歪みや個人差を摑んだ上で，その子どもの発達に対処できる能力を皆さん方にもってほしい。それが保育の良さです。

　幸いなことにここにたくさん園長さんがいらっしゃいます。園長さんが聞かないで，若い人だけが聞いていますと，それを実行しようとすると白い目でジロっと見られます。園長さんがたくさんいら

っしゃいますから、若い人がやってもジロっと見ないで、「あれやってる、やってる」という目で見てくれます。大いにそういうことをやったらいいですよ。そうすれば子どもにとって保育園という場が、保育士という人間の刺激であろうと、その生活の流れの場であろうと、発達のあらゆる個人差を考えた上で、この基本的な行動体制を意欲とも喜びとも循環させながら育てていく場になるわけです。少しくらい何かが遅くても、少しくらい抽象能力が遅くても、これさえ作ってもらえば、あとで小学校へ行ってから自分の抽象能力が増えてきたときに、ガッと出来るようになってくるのです。ところがこの基本をあまり考えないで、形の上のしつけとか、行動とか、何が言えるとか、何が出来るとか、そういうことだけに夢中になって、皆様方が代行機能だけを発揮しながら保育をやりますと、発達阻害が起こってくるのです。

　かつては保育園の中で多少子どもを引きずりまわしても、多少発達阻害を起こしても、子どもは自分の生活空間の中でもっと自由に面白いものを見つけたし、もっと野生的なたくましさで自分の心を働かすことの出来る場面にこと欠かなかった。だからあなたたちの保育が優れていたわけではなく、また親のしつけが優れていたわけでもなくて、子どものもっていた環境がそういう働きかけをしていたわけでしょう。ところが自然環境が破壊され、子どもが自由に心を動かす場がなくなった。子どもが面白いなと思うものがズルズル滑り落ちる危険な穴だったり、そこを潜り抜けると電車がきたりする。そんな時代であればこそ、安心出来るところで子どもがそういうものを発揮できる場所を提供することが、前にも増して大きな意味をもちます。保育がそうした意味をもつようになったときに、初めて、母親が働かなければならない、あるいは働くことが当たり前になっている現代の世の中で、保育機能が本当の意味で、子どもの発達のために良き場を提供するものになっていくと考えます。

保育所と児童福祉

　それともう1つ考えなければならないことに、保育所がどういう児童福祉的意味をもつかということがあります。これは非常に大きな問題ではないかと思います。よく皆様方、この頃親が変わったと

言います。これはたびたび私が申し上げていることですが、家の中にはたくさんの人間がいて、それぞれ違った育てる作用をしていました。おばあちゃんはおばあちゃん、兄弟は兄弟でそれを発揮していたので、親が分からなくても自然にいろいろと育てる作用があったわけです。それが今は非常に偏った、単一化したものになってしまいました。これを親に分かってもらわなければなりません。そういう問題が存在すると思うのです。

　今後子どもの数がもっともっと減ります。かつて幼稚園に入ろうとする子どもの数が減り、幼稚園の経営が困難になった。私立幼稚園がつぶれる。公立幼稚園でさえ志願者の数が減って対策に悩むようなことになり、幼稚園の死活問題が真剣に討議されたのです。それが今度は保育園の問題になってきました。働く親がいる以上、その子どもたちのために保育所の要求がまだたくさんあると言っているのは今の段階だけかもしれない。保育所が定員割れになると、前のように数珠つなぎで待っていなくても入れるようになります。そういう形になって、あなたたちは一体何の福祉をやるのか、ということになったとき、現代のこういう人工的な代行機能の多い、人間を人間らしく育てないような状況の中で親が子どもを育てているのだということ、保育所に預けるということは、それを保育してもらっているのだということを、親がちゃんと摑む必要があります。そうなると、あなたたちは、ただ子どもに対してある種の保育をするだけではなくて、自分たちのやっていることの意味を親に知らせていく必要があります。

　というのは、あなたたちが子どもにあまりいろいろなことを教えないで、勝手なことをさせて放っておき、こういう能力を育てようと思っていると、親が保育所だって幼稚園に負けないことをやってください、幼稚園ではこういうことをやっています、などとねじ込んでくるのです。あなたたちがそれに負けるようなことになったら非常に大きな問題です。だからそのうちに、保育園は単なる幼児を保育するところではなくて、親に対してそういうアドバイスや、情報を与えていく人間保育のセンターになっていくという、１つの将来があると思います。

人間保育の
センターとして
　福祉とは、保育園が家庭に代わって子どもをただ預かるだけでは

なくなってくることです。保育園は，社会と親が人間を育てるという意味から言って，人間の発達のある種の歪みを強力に作り出していくとき，どのように考えるのかを親にも教えていくセンターの意味を，次第にもつようになるだろうと予想しています。今でさえ，あなたたちは迎えにきた親の肩をたたいて，あの子こうよ，と話すでしょう。この頃良くなりました，喋るようになりました，ご飯も食べるようになりました，というだけが連絡帳の問題ではありません。連絡帳にはあまり詳しいことは書けないからそれで結構ですが，ときにはそういう親たちに，今のようなものの考え方を伝達して，一緒に子どもを人間にしていくための協力体制を作っていきましょう。そこに保育の意味が入ってくるのです。それは相談所の問題だなどと言ってはいられないのです。

学校との関係　それからもう1つは，こういう形で保育園で子どもを育てていった場合，必ず学校との連絡があります。学校との連絡は今はどちらかと言うと学校が主体となっている。入学までにこれだけのことをやって下さい，というのがくるわけです。入学前に1日入学などというのがあると，あなたたちは大忙しです。ところが今度は幼児を育てる方から言って，この子どもは人間としてこういうように育っております，小学校ですることに対してはまだデコボコがありますけれど，ここが育ってきて，そちらのほうの成熟の状況が追いついていけば必ず出来る子どもになります，というような要求をこちらから出していき，学校はデコボコを認めないものであってほしくない，と言うだけの権威をあなたたちはもつべきです。そうでなければ，人間の発達阻害を起こしているこの時期でなければ出来ないことに対して，あなたたちが自信をもって考えていないことになるのです。小学校に合わせて，それまでにこれだけ育てようなどと考えてはいけない。

保育は本当の意味の児童福祉である　保育は本当の意味の児童福祉です。それがすべての子どもに，本当に人間らしい幸福を与えていくものであるならば，皆様方は確信をもって，こういう問題を外に対して，小学校に対して，親に対して言えるだけの信念と見とおしと，子どもを見る目をもってほしいと思います。もつべきだと私は思うのです。

　　皆様方はこういう勉強会に，本当に長い間出席され，何十回とな

く私の話をお聞き下さっています。まだあなた聞くことあるの，と言いたいほど聞いていらっしゃいます。そういう方たちが主体となって，保育のこういう問題をきちんとすることが出来ないで，一体いつ子どもの発達に対してものを言うときが来るのだろうかと思います。よく私は皆様方が研究会で保育の研究をするとき，心理学者や保育理論の先生にアドバイスを求め，下請けみたいなことをするのが能ではないと言っていますね。あなたたちは，毎日子どもに接しているのだから，そのなかであなたたち自身が発達阻害を起こさないで，自分で見るのです。そして，あれっと思ったり，自分で見て，あ，これはどうも考えなければいけない，と思ったりしたら，では1年間比較してみようか，という研究の積み上げが必ずや起こってくるのではないでしょうか。

保育士も発達する

　忙しいなどと言わないで下さい。忙しいのは皆忙しいのです。先生，保育園の忙しさをご存知ないだろう，と言うかもしれないけれど，私がいつも言っているでしょう。あなたたち，何十年といれば，だんだんだんだん瞬間的に精神的な活動が出来るようになってくるのです。自分で考えて，自分の注目や思考をもっと次の段階のものに向けることが出来るようになるのが人間の発達なのです。だからあなたたちが発達を続けるということは，そういうことに目を向けて，そのなかで保育者の見た人間形成の問題をはっきり摑んで，世の中に警告していく能力をもつことなのです。それをしないのは，これがちゃんと育っていないのか，そういうことは保育士のすることではないと思っているのか，あるいは私たちはまだ拙いので心理学者の人よ，教えて下さい，などと大変謙虚な心をお持ちなのか，それ全部混ぜ合わせたものなのか，なんだかよくわかりませんが，どうなのでしょうか。やはり，私の方がひまがあるし，理論的なことを知っていますから，一緒にやりましょうと言っているのです。そういうことを何とか皆様方の中に残して行きたい。

　ともに忙しい忙しいと言いながら，森さんにお頼まれすると，じゃ，また今年もやりましょうか，ということをしているのは，何とか私の考え方を身体中に全部とって，保育のなかでそういうものを生み出していく方たち，それの中心になる方たちが，多数集まってくることを念願しているからなのです。今年でこれを止めましょう

というのは、もうそろそろこのなかで出来るだろうと思っているからなのです。

女性保育士と男性保育士

最後に私は、女性の保育士と男性の保育士について触れたいと思います。男と女は性で決まっています。よく保育士は女性ばかりではおかしい、と言われます。男性保育士はもちろんいていいのです。とくに子どもが4歳になっていればね。人気があります。バチャンとぶつかって、子どもを振り回すことの出来るような男性が必要なのですが、もし母親が赤ん坊を抱えることが出来なくて、その代わりを保育士がするというとき、目と口のパクパクと肌のふれあいと、その間に起こる循環を作っていくということは、どうも男性は下手です。ですからこれは女性の保育士主導でいいと思います。男性も入って、4、5歳の子どもを振り回すような父親の感覚を入れてほしい、けれど3歳までは時々出てくる男、お父さんです。前にも話しましたが、父親は法律の上から言っても推定される存在でしかないのです。本当に自分の子だということは分からないのです。似ているからたぶんそうだろうと思っていますが、推定される存在でしかないというだけではなくて、男性はやはり基本的に自分勝手なところをもっています。その自分勝手なところが親の1人としての意味をもっているのです。少し自分勝手で、少し他人風なところがあって、少し客観的に見る、そしてその子どもが、歯ぎしりしながらパパなんか嫌い、なんて言っているようなのがいるというのは、人間性に重大な役割をもつのです。皆様方のなかに男性保育士がいるということは、そういう意味の風を入れていくにはいいことです。

けれども最初の段階では、女性保育士の果たす役割が、ものすごく大きいのです。女性でも、子どもが嫌いで自分勝手な保育士が、目を見つめてパークパークやったのでは男性保育士と同じになる。体力がないだけまずいかもしれません。男性保育士の導入とその役割について、皆様方、とくに園長さんはそういう異質なものが入ってくることが、子どものどういう適応を広げるか、という形で見てほしいのです。女性のなかにも少し男性みたいな行動を取る人もいます。そんなとき、あの人はしっとりしたところがないなどと排斥することはないのです。家庭の中でもそういうのが必要なのですから。あの人は少し自分勝手で他人の風を持ちこむような存在として

保育園の中にいる，というような使い方，役割の持たせ方をするということを考えるべきだと思います。みんながしっとりして，にっこりして，子どもの情緒を安定に導くようなのばかりいなくていいのです。いろんなのがいいのです。そのいろいろに対して，子どもが同じような意欲や，かかわりを拡散していくことを保育のなかに取り入れてほしいと思います。長いこと皆様方とおつき合いさせていただきましたけれど，次にはまたどんな形でお目にかかるかわかりません。こういう継続という形ではなく，単発的に特別な問題，テーマを掲げて皆様方にお目にかかることがあるかもわかりません。どうぞ皆様方も保育のなかで自立して，自分の保育のなかにおける人間形成というものを，しっかりと摑んでいただきたいと思います。以上でございます。

第2部
人との関わりに歪みをもつ子どもと出会ったとき

＊＊＊

　第1部の講義に述べられている，発達の考え方，今の子どものもつ問題点，環境の意味，保育の作用，それらはいずれも身近な話を例にとりながら，実は岡の考えた理論のまとめでした。その理論は現場に根ざしたものであることを，次に明らかにしなければなりません。現代の子どもがどのような条件をもち，どのような環境で育つとき，発達の歪みを起し，それにどのような作用を加えれば歪みを取ることができるのか，実際に歪みのある子どもを現場から拾い出し，その育ちを分析し，それに保育の作用を注ぎ，その結果を見る，それらの過程に客観的な光をあて，誰にでも理解できる法則をつくる，という研究が必要です。第2部ではその研究を紹介しながら，読者の皆様にもそれに参加していただくという形を取りたいと思います。

＊＊＊

はじめに
歪みとは何でしょう

　本書の中には歪み(ひず)という言葉が,たびたび使われています。「歪みって一体なんのこと？　私の園に歪みのある子どもなどひとりもいない」,研究会で,ある公立保育園の園長さんがきっぱりと言いました。普通歪みとは,ゆがめる,本来の形をくずす,という意味で使われていますが,私たちは決して固定化された,あるいは異常な,ゆがみを考えているのではありません。ごく普通にその辺で見られる,子どもの気になる行動を取り上げているのです。そうした意味では上の園長さんの保育園にも気になる子ども,放ってはおけない行動をとる子がみつかりました。ではどんな行動,どんな子どもが保育士は気になるのでしょう。

　私たちが初めて集めた記録の中に取り上げられた気になる行動には,次のようなものがありました。

周りの子どもの発達からずれているもの

　　３歳になっても保育士の誘いかけがわからず,なにもできずにふらふらする。よく転ぶ。

その子なりの発達段階を経てはいるけれども,それが年齢相応ではないもの

　　入園当初,歩き回りながら手摑みで食べていた子どもが,座れるようにはなったが,他の子どものようにスプーンも使えず不器用さが目立つ。

　　ほかの子の遊びに関心をもち始めたが,同年齢の他の子どものすることのまねは出来ない。

甘え,乱暴,固執,などが極端に多く見られるもの

　　言葉が出ているにもかかわらず,要求をあらわす時ひっくり返ってわめき,思いを遂げようとする。

　　好きな保育士がいないと落ち着かず探しまわる。

周りを困らせることはないけれども,健全な自己主張ができないもの

自分が遊んでいるおもちゃを、友だちが無理やり取ってしまっても、静かに泣くだけで抵抗もしないし、保育士に訴えることもしない、しばらくすると泣き止むのでいつものことだと放って置かれる。
　　　保育園に来て、ある時間がすぎるまで活動することなく、誘いかけても動き出さない。

抑制が効きすぎて自発活動が少なく、いわゆるいい子と思われるもの
　　　妹が病身のため、幼い姉は母の期待に精一杯応えて自立したいい子を演じ、自己主張が出来ない。その後保育士に甘えられるようになったが、自分が受容されている確信がないため、反抗、意地悪等の形で自己を主張する。
　　　夜勤の多い両親の一人息子、夜の留守番もする素直な子だが、友だちの家に行き、可愛がられている赤ちゃんのベッドにオシッコをしてしまう。

　これらの歪みはしばらく継続して見られるものもありますし、短期間で消えるものもありました。幼少期に現れたこれらの気になる行動の中には、このまま放置すると、人としての健全な成長を危うくする恐れのあるものがあります。私たちはこれを発達を阻害する歪み行動としてとらえました。ただ、自閉症、その他の障害による極端な歪みは、その領域の専門家の援助が必要になりますので、今回は除くことにしました。
　ここで注意しておきたいことは、この研究の発案者、岡は、発達阻害としての歪みのほかに、その子どもの特性としての歪みも考えていたことです。「発達は歪みである」と彼女はしばしば言っておりましたが、人はいつもバランス良く整った形で成長するのではなく、さまざまな環境で刺激を受け、独自の受け止め方をしながら高度な発達を遂げます。その速度もゆれも個性的であり、発達過程に現れる姿はしばしば大人の目には気になる歪み行動として映ります。しかしそれは許容すべき歪みであり、それに手を加え、これを平均的な姿に戻そうとすることはかえって子どもの発達を阻害します。岡は、子どもに関わる者はこの2種の歪みを見分けなければいけないと言っています。この点については本書、第1部の講義・第1回総論の中で詳しく述べています。

1章
人とうまく関われない子どもに目を向けましょう

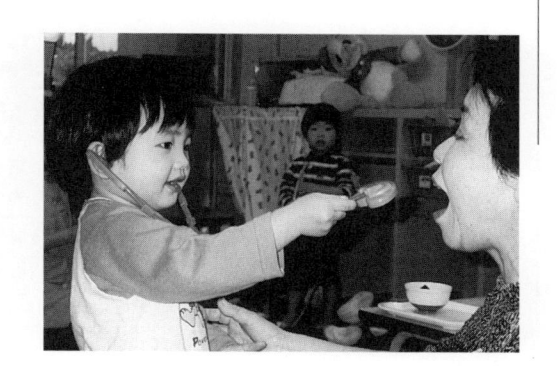

　幼い子どもたちを保育しているとき，うまく人と関われない，なんだか変だ，気になる，放っておけない，という子どもに気がつくでしょう。もしあなたの周りにそのような子どもがいたらじっくり観てみませんか。私たちもここ10年ほどこの問題を考えてきました。あなたの周りの気になる子どもを私たちの辿った道筋に沿って見直してみると，その子の行動改善につながるヒントが見つかるかもしれません。

1−1　資料の作成

(1)　自由記述で子どもを観る
　私たちの研究ではまず，いろいろな保育園の25人の保育士が170名ほどの気になる子ども，そうではない子どもの記録を取りました。記録の方法は自由記述としました。そこで取り上げられた子どもの状態，養育者の状態，周りの環境は次のような範囲にわたっていました(表1)。

表1 「対人関係に歪みのある子ども」抽出のためのチェックリスト一覧表

	項目		下位項目
1	子どもを取り巻く全体的環境		父母（有無・国籍・健康状態・精神状態）・夫婦関係（結婚歴・問題の有無）・主たる養育者・育児の援助者の有無・家事主体者・家族形態・干渉者の有無・特記事項の有無
2	養育者	養育態度	受容・服従・拒否・ゆったり・不安緊張・社会性の促進を図る・自律を尊重・行動を統制・行動を支配・放任・行動に敏感に対応・非常識・兄弟間の不平等・期待感が強い
3		養育者のパーソナリティ	外向的・我慢強い・協調性・素直・明朗・控えめ・優しい・温和・繊細・几帳面・気丈・自尊心・知性教養・責任感・内向的・衝動的・無責任・自己中心的・非常識・厳格・意地っ張り・くらい・でしゃばり・鈍感・威圧的・依存的・卑下
4		保育園との関係	評価している・ふつう・後悔している
5	子ども	身体的状態	体格・体力・アレルギーの有無・歯・咀嚼・歩行・平衡感覚・機敏さ
6		知的状態	言語・理解力・微細運動
7		生活習慣	食事・排泄・着脱衣
8		対友人関係	遊びの形態（一人遊び・ごっこ遊び・ルール遊び）・遊びの状態（発展性有り・集中する・散漫）・関わり方（配慮できる・誘いかける・リードする・攻撃的・友だちが多い）・トラブルの対処法・問題の有無
9		対保育士関係	協力的・信頼している・甘える・頼る・緊張している・拒否する・攻撃的・関係の良否
10		対養育者関係	協力的・信頼している・甘える・頼る・緊張している・拒否する・攻撃的・関係の良否

　これだけ広い範囲にわたっていると、気になる子どもの問題がどこにあるのかよくわかりません。そこで子どもの問題点をもっとはっきりさせるため、上の表から見えてきたものを整理して作ったものが次頁の質問紙です。この質問紙に記入することで、今現実に気になる子どものどこに歪みがあるのか、問題の所在がみつかると思います。

(2) 質問紙へ記入する

対象児氏名：　　　　　生育年齢：　　　　　記録日時：

問Ⅰ．まず，子どもの問題点がどこにあるのかおおよその見当をつけるため次の5つの質問を見てください。該当する場合は「はい(Y)」，しない場合は「いいえ(N)」を Y/N欄 に記入します。

項目	質問	Y/N	点
〈1〉コミュニケーション	1．保育士や友だちとの関わりがありますか。		
	2．必要なとき他人と視線を合わすことができますか。		
	3．自分から周りに友好的な働きかけをしますか。		
	4．周りからの働きかけに友好的に応じますか。		
	5．その他問題がありませんか。 （年齢不相応な大人びた対応，内にこもる，自分を責めるなど）		
		計	

　上の答えのうち，「いいえ」がついた場合は，次の質問に進んであなたの子どもの問題点を探しましょう。もし，1，2，3，4，がすべて「いいえ」である場合，専門の相談機関に行くことをお勧めします。

問Ⅱ．対象児の行動特性がどのようなものか観察し，次の11項目，各5問についてチェックしてください。
　　評価の方法＝ はい，いつも：◎　はい，ときどき：○　まれに：△　いいえ：×

行動項目	質問	評価	点
〈1〉感情・要求の表出	1．自分の気持ちを素直に表わすことができますか。		
	2．いつも楽しそうな表情をしていますか。		
	3．友達といるとき，遊んでいるとき，生き生きとしていますか。		
	4　理不尽な扱いをされたとき怒りますか。		
	5．楽しいことや悲しいことがあったとき，顔にだしますか。		
		計	

⟨2⟩衝動の統制	1．思い通りにならないと泣き叫ぶとか地団太を踏むなどしますか。		
	2．思い通りにならなくても気持ちを切り替えられますか。		
	3．すぐ興奮しますか。		
	4．やりたいことがあっても我慢できますか。		
	5．緊張が過ぎて，体を硬直させるなどして怒ることがありますか。		
		計	
⟨3⟩情緒の安定	1．気分にむらがありますか。		
	2．絶えず動き回っていて落ち着きがありませんか。		
	3．知らない人や場所で緊張するとき，いつもと違った行動をとることがありますか。		
	4．我慢強いほうですか。		
	5．怒ったり泣いたりしないで穏やかな方ですか。		
		計	
⟨4⟩固執性	1．特定の場所，空間（部屋の隅等）に好んでいることが多いですか。		
	2．お気に入りの物がないと不安定になりますか。		
	3．決まった事柄にこだわりますか。（順番，配置，やり方，色等）		
	4．特定の人にこだわりますか。		
	5．些細なことにもこだわりますか。（ちょっとした汚れ，失敗等）		
		計	
⟨5⟩攻撃性	1．友だちが自分の思い通りにならないと叩いたりつねったりしますか。		
	2．自分より弱い子どもにいじわるをしますか。		
	3．他の子どもが使っている玩具を勝手に取ったりしますか。		
	4．友だちが遊んでいると邪魔をしますか。		
	5．友だちに対してわけもなく攻撃的な態度をとりますか。（かむ，蹴る，つねる，髪を引っ張る等）		
		計	

1章　人とうまく関われない子どもに目を向けましょう　143

〈6〉保育士への愛着（＋）	1．保育士に話しかけますか。		
	2．保育士を遊びに誘いますか。		
	3．保育士のお手伝いを喜んでしますか。		
	4．保育士の話を喜んで聞きますか。		
	5．保育士と目があうとにっこり笑いますか。		
		計	
〈7〉保育士への愛着（－）	1．保育士の問いかけに答えますか。		
	2．保育士に反抗しますか。		
	3．保育士が体に触れると嫌がったり逃げたりしますか。		
	4．保育士の前で緊張しますか。 　（黙ったり，もじもじしたり不自然な行動になる）		
	5．保育士をわざとぶったり叩いたりしますか。		
		計	
〈8〉保育士への依存・甘え	1．保育士にベタベタとまとわりついて甘えますか。		
	2．保育士が他の子をかまうとやきもちをやきますか。		
	3．何かにつけて保育士の承認を求めようとしますか。		
	4．保育士を独占したがりますか。		
	5．友だちとけんかをすると保育士に助けを求めますか。		
		計	
〈9〉友だちへの愛着（＋）	1．友だちのしていることに関心がありますか。		
	2．好きな友だちがいますか。		
	3．友だちと遊ぶのが好きですか。		
	4．友だちが集団で遊んでいる中に入っていけますか。		
	5．困っている友だちがいると手をかしてあげますか。		
		計	
〈10〉友だちへの愛着（－）	1．他の子と手をつなぐのをいやがりますか。		
	2．皆と一緒に何かをするとき一人だけ違うことをしていますか。		
	3．他の子どものすることに無関心ですか。		
	4．友だちの誘いを拒否しますか。		
	5．友だちから離れ一人で遊んでいますか。		
		計	

⟨11⟩遊び	1．遊びのアイデアが豊富ですか。		
	2．じっくり腰をすえて遊びますか。		
	3．友だちの中でリーダーシップが取れますか。		
	4．友だちと遊具などを譲り合って遊べますか。		
	5．友だちが遊んでいるときにうまく中に入れますか。		
		計	

問Ⅲ．子どもを観るとき，対象児の発達状態についても，チェックしておく必要があるでしょう。年齢からみて次の行動発達はどの程度でしょうか。チェックの基準は，あなた自身のもっているもの，通常言われている範囲のもので考えてください。

	進んでいる	年齢相応の発達	遅れている
食事の自立	・	・	・
排泄の自立	・	・	・
着脱衣の自立	・	・	・
運動能力	・	・	・
微細運動	・	・	・
理解力	・	・	・
言語	・	・	・

1章　人とうまく関われない子どもに目を向けましょう　145

(3) 点数化する

　上でとりあげた子どもの行動を他の子どもと比較できるように，点数に置き換えることにします。行動を点数に換えると子どもの姿が消えてしまうように思うかもしれませんが，点数化することにより視点を揃えて子ども同士を比較考察出来るようになるのです。また，子どもの行動が変化した場合，前の行動との違いをはっきりさせるためにも点数化が必要です。

　質問紙の問Ⅰ，問Ⅱ，問Ⅲそれぞれの点数化は次のようにします。

[問Ⅰ] コミュニケーションの全体的な様相の点数化は，
「はい(Y)　1点」
「いいえ(N)　0点」
の2段階でしてください。0点から最高5点までの得点になります。
　ここでは点数が低いほどコミュニケーションに問題があると言っていいでしょう。

[問Ⅱ] この質問紙の中心となっている行動特性についての11項目は次のように点数化してください。
「◎：はい，いつも　3点」
「○：はい，ときどき　2点」
「△：まれに　1点」
「×：いいえ　0点」
の4段階です。1項目，各5問ずつの合計を出して下さい。
　このとき質問紙の中で網かけしてある項目，〈2〉の1・3・5，〈3〉の1・2・3，〈7〉の1は
「◎：はい，いつも　0点」
「○：はい，ときどき　1点」
「△：まれに　2点」
「×：いいえ　3点」と逆転して採点して下さい。
　どちらの場合でも行動得点は，1項目につき，0点から15点の間に分布します。

[問Ⅲ] 生育年齢に対しての発達の程度を観るものなので，各項目のチェック点を線で結んでみてください。対象児の発達のプロフィールがみえてくるでしょう。

(4) 関わりのパターンを作成する

質問紙の点数化が終わったら次の図1に得点をプロット*し，その点を定規で結んで下さい。

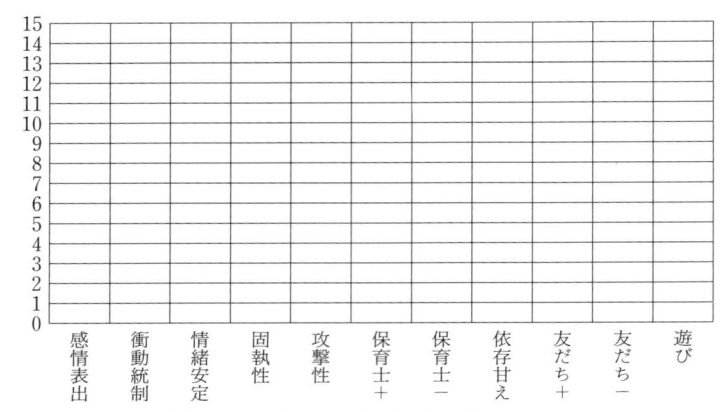

図1　関わりのパターン（読者記入用）

上の図があなたの取り上げた子どもの関わりのパターンです。

私たちが取り上げた60名の関わりに問題のある子ども（以下，歪み群）の平均点と，問題のない子ども（以下，ノン歪み群）30名の平均点をプロットして作ったパターンをのせますので上図と比べてみて下さい。太線が歪み群で細線がノン歪み群のものです（図2）。

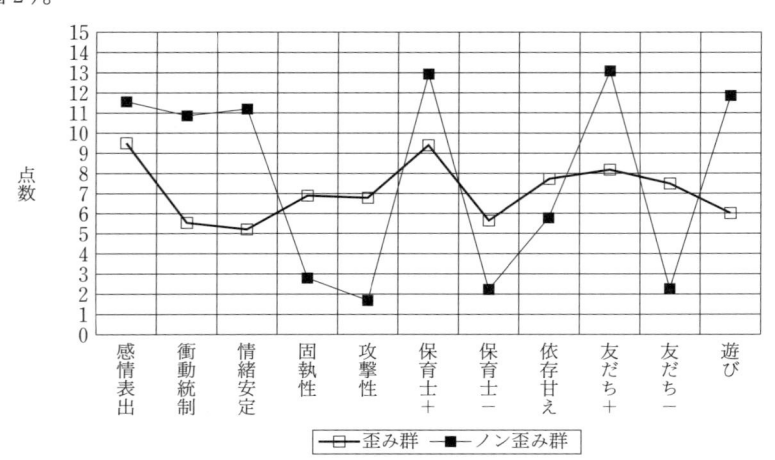

図2　歪み群・ノン歪み群の関わりのパターン（平均による）

＊プロット：座標に得点を記入する

1章 人とうまく関われない子どもに目を向けましょう　147

あなたの作った関わりのパターンと比べてみましょう。他の子どもと比べて，あなたの子どもの特徴が見えてきましたか。次節では，歪みのある子と歪みのない子の関わりのパターンを詳しく見ます。

1-2　作成した資料を読む

(1)　関わりのパターンを平均点から比べる

　前節図2の歪み群とノン歪み群の行動特性のパターンを見てください。両群のパターンが以下のような点で違っていることに気づくでしょう。

　　　　1）歪み群はノン歪み群に較べ感情を表現することがうまく出来ません。
　　　　2）歪み群は衝動を抑えることも難しく，情緒が不安定です。
　　　　3）歪み群は攻撃的で，保育士に甘えはするものの，親しい関係は作れません。
　　　　4）歪み群は友だちと親しい関係が作れず，うまく遊べません。
　　　　5）ノン歪み群は保育士，友だちと親しい関係を作り，よく遊びます。

チェックポイント1
　あなたの問題としている子どもは，どちらの群に近いパターンを描いていますか。

　今問題にしている子どもの入る群：（　　　　　）群

---

(2)　関わりのパターンを行動得点の分布から比べる

　あなたは1人の子どもについて考えていますが，私たちは大勢の子どもたちについて検討しました。まず，歪み群，ノン歪み群それぞれのグループの子どもたちが，〈1〉〜〈11〉の各項目で，高得点から低得点まで，どのように分布しているかを見ました。同じ群に入っている子どもでも，得点にバラツキが見られます。得点が違えば，当然，人との関わり方も違っているのです。ですから，対象児の平均的行動パターンとあなたの今問題にしている子どもを対比するだけでは十分でなく，行動得点の分布図とも照らしあわせ，検討していく必要があるのです（図3-1〜3-11）。

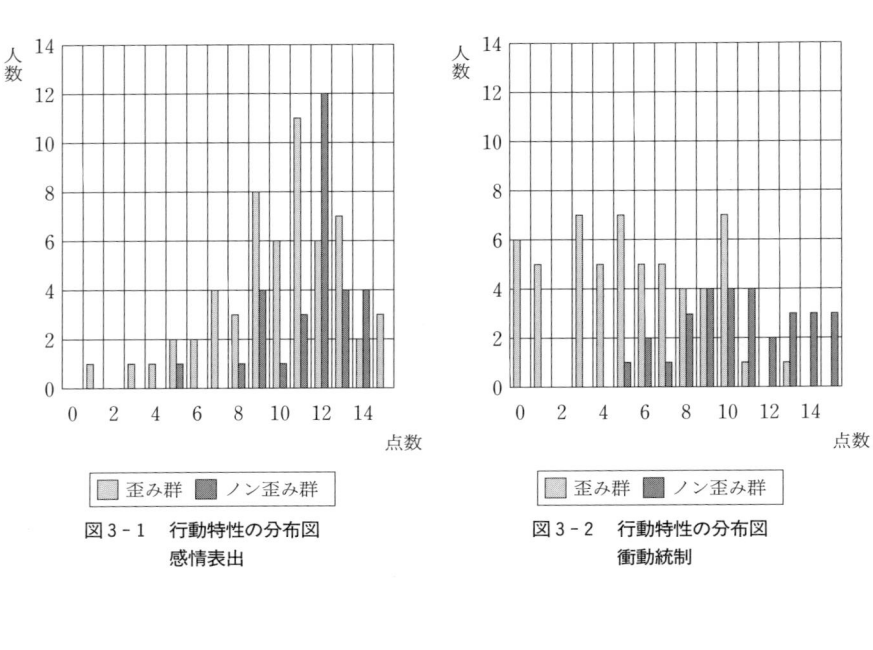

図3-1　行動特性の分布図
　　　　感情表出

図3-2　行動特性の分布図
　　　　衝動統制

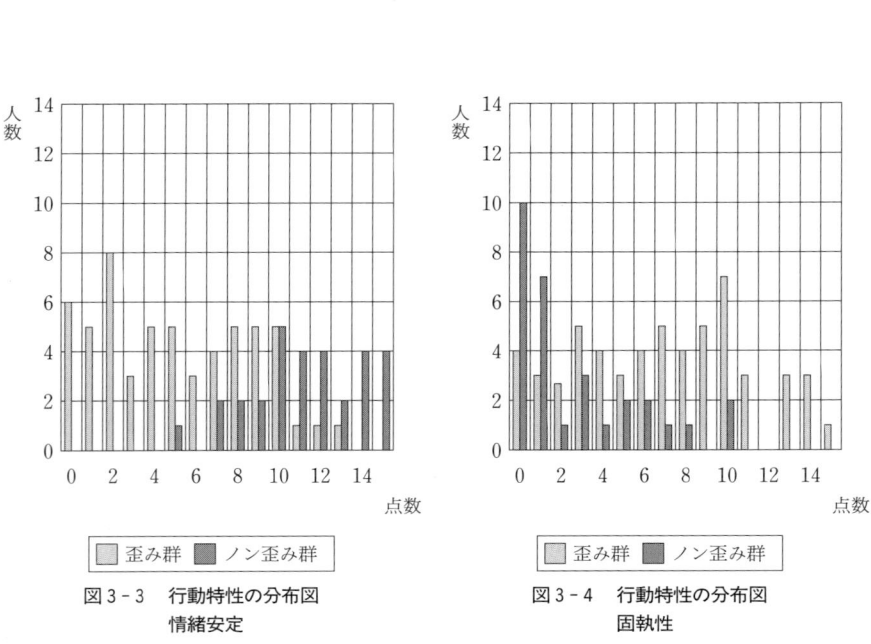

図3-3　行動特性の分布図
　　　　情緒安定

図3-4　行動特性の分布図
　　　　固執性

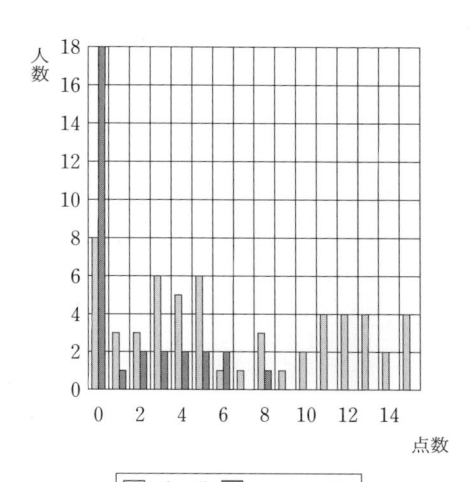

1章　人とうまく関われない子どもに目を向けましょう　149

図3-5　行動特性の分布図
　　　　攻撃性

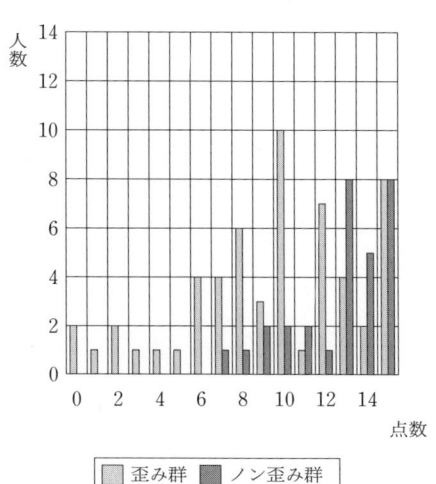

図3-6　行動特性の分布図
　　　　保育士＋

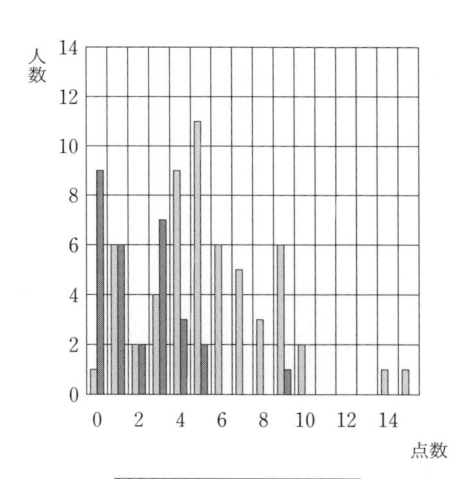

図3-7　行動特性の分布図
　　　　保育士－

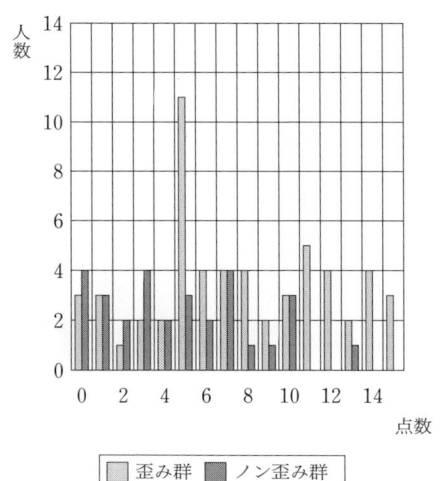

図3-8　行動特性の分布図
　　　　依存甘え

凡例：歪み群／ノン歪み群

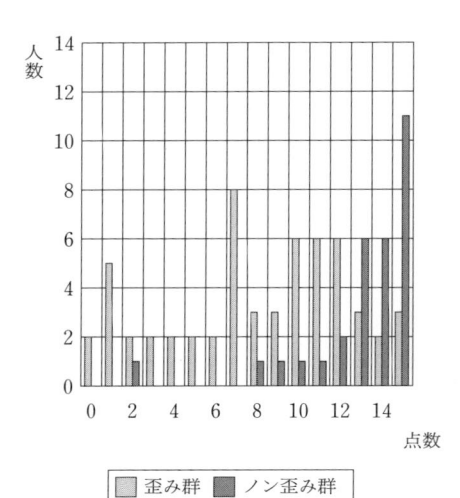

150　第2部　人との関わりに歪みをもつ子どもと出会ったとき

図3-9　行動特性の分布図
　　　　友だち＋

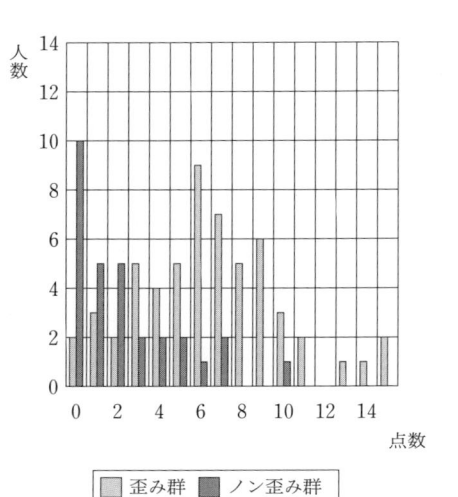

図3-10　行動特性の分布図
　　　　友だち－

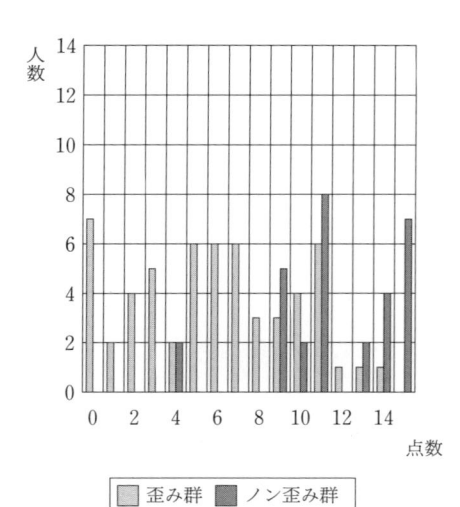

図3-11　行動特性の分布図
　　　　遊び

ここで図3-1～図3-11の各行動特性ごとの分布図から明らかになったものをいくつか取り上げます。ただしここでは歪み群，ノン歪み群の人数に差があるため，得点の広がりを見ることにとどめます。

1）各項目とも，歪み群の子どもたちの得点は低得点から高得点までさまざまですが，ノン歪み群の子どもたちは同じような得点に集まっています。つまり，歪み群の関わり方は一様ではなく，ノン歪み群の関わり方はみんな同じような傾向を示していると言えます。
2）「衝動統制」については，歪み群の子どもは，平均点で示した行動パターンでは衝動をおさえることが下手なように見えます。しかし，個別の得点について検討すると，衝動統制ができるように見える子どももいます。そこで，このような子どもの質問紙の回答を調べてみると，感情の表出得点がとても少ないことがわかります。これは，抑えなければならないような感情の高まりが少ないことに原因があるのかもしれません。また何らかの圧力によって，衝動を抑えこんでいる場合もありそうです。
3）「攻撃点」は，歪み群の子どもは高い傾向があります。しかし，なかにはとても低い，あるいは，まったく攻撃点のない子どももいます。一方，ノン歪み群の子どもは一般に攻撃性が低い傾向があります。そして，質問紙回答を参照すると，攻撃点が少ないだけではなく，これらの子どもたちには「友だち，保育士への愛着」が強く現れています。この点に関して，歪み群の子どもをみると，攻撃点の低い子どもは友だちとの関わりが少ないことがわかります。ですから，攻撃点が低いからといって，心配がないとは言えません。集団生活のなかに攻撃的な子どもがいると騒ぎが起こるので保育士は何とかしなければと考えますが，周りと関わりをもたずにひっそりしている子どもは，問題を抱えているにもかかわらずつい見逃しているのではないでしょうか。
4）「保育士に対する依存・甘え」の項目だけは歪み群，ノン歪み群ともに個人によって得点がバラバラで，群による一定の傾向は見られませんでした。

チェックポイント2
　あなたの問題にしている子どもの得点は，それぞれの特性のなかでどこにありますか。図3-1～図3-11のそれぞれに赤で記入しましょう。

次にもう少し歪み群の特徴を考えるために項目と項目の関係をみることにします。

(3) 関わりのパターンを2つの行動特性間の関係から見る

　ノン歪み群と歪み群の行動特性を明らかにするために，行動項目の得点が他の行動項目の得点とどのような関係があるのか相関＊を調べました。相関係数は，＋1から－1までの間の数値をとり，調査対象の性質にもよりますがこのような調査では±0.7以上あればかなり高い相関があると考えられています。

表2　子どもの行動特性間の相関表

	感情表出	衝動統制	情緒安定	固執性	攻撃性	保育士＋	保育士−	依存甘え	友だち＋	友だち−	遊び
感情表出		0.007	0.293	-0.2	-0.2	0.622	-0.256	0.198	0.576	-0.464	0.417
衝動統制			0.742	-0.607	-0.635	0.354	-0.655	-0.483	0.478	-0.594	0.553
情緒安定				-0.531	-0.539	0.47	-0.538	-0.3	0.507	-0.665	0.666
固執性					0.424	-0.368	0.365	0.385	-0.483	0.521	-0.493
攻撃性						-0.292	0.617	0.381	-0.283	0.4	-0.311
保育士＋							-0.534	0.224	0.784	-0.641	0.669
保育士−								0.26	-0.527	0.556	-0.54
依存甘え									-0.118	0.252	-0.158
友だち＋										-0.737	0.763
友だち−											-0.728
遊び											

　相関係数が±0.7以上あるものは，よくわかるように網をかけてあります。
　質問紙で調べた項目の間に相関のあるものをあげてみます。歪み群，ノン歪み群を分けずにすべての子どもを対象として項目同士の関係を見ると，次のことがわかりました。

1) **情緒安定×衝動統制**：この2項目間の相関係数は，0.742で高い正の相関のあることがわかります。つまり情緒の安定している子どもは衝動を抑えることが出来るのです。
2) **友だち（＋）×友だち（−）**：この項目間の相関係数は−0.737でかなり高い負の相関があります。つまり友だちへの愛着を作れる子どもは，友だちを避けたりしないのです。

＊相関：2項目の規則的関係を表わします。一方の項目得点が高くなれば他方の項目得点も高くなる（低くなれば低くなる）とき「正の相関」があるといいます。また，一方の項目得点が高くなれば他方の項目得点が低くなる（低くなれば高くなる）ときを「負の相関」があるといいます。

3）**友だち(＋)×保育士(＋)**：この項目間の相関係数は0.784です。つまり友だちとよい関係をもてる子どもは保育士とよい関係が結べるのです。

4）**遊び×友だち(＋)**：この項目間の相関係数は0.763です。つまりよく遊ぶ子どもは友だちとよい関係にあるのです。

ここには，その傾向が強く出ているものだけ出しました（±0.7以上）。このうち友だち（－）を除いてノン歪み群の子どもの得点が高く，歪み群は低い得点になっています。ですから歪み群の子どものこれら得点を1項目でも上げることができれば，連動して他の行動もよくなっていくのではないでしょうか。あなたの子どもの場合は，どの項目に働きかけたら良い変化が得られるか考えてみてください。

1つの行動特性で子どもの行動が規定されるわけではありません。1つの行動特性が，別の特性と同行するか否かで子どもの関わり行動が違ってきます。情緒安定と衝動統制は，友だち関係をつくる上で基本的な行動特性なので，これを組み合わせてみました。

⑷ 関わりのパターンを「情緒の安定」と「衝動の統制」の2行動特性得点から見る

各項目の平均点（7.0）を基準にして，平均以上の得点を取っている子どもたちのグループ（以下H群），平均以下の得点のグループ（以下L群）に分けました。2項目の高得点群・低得点群を組み合わせると次に示す4群ができます。

```
衝
動    ③    ①
統   LH群  HH群
制
点 7
      ④    ②
     LL群  HL群
   0     7
     情緒安定点
```

①情緒安定高点×衝動統制高点群：HH群
②情緒安定高点×衝動統制低点群：HL群
③情緒安定低点×衝動統制高点群：LH群
④情緒安定低点×衝動統制低点群：LL群

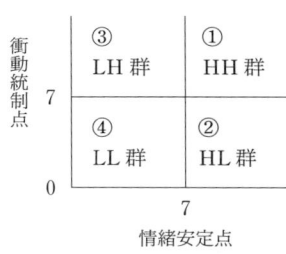

図4　情緒安定×衝動統制

チェックポイント3

今あなたが問題にしている子どもがどの群に入るか確かめてみましょう。情緒安定点が7点より高いか低いか，衝動統制点が7点より高いか低いかでどの群に入るかわかります。

今問題にしている子どもの入る群：（　　　）群

私たちの調査した歪み群の子どもは60名,ノン歪み群は30名で,対象となる子どもの人数が等しくありませんでした。そこで今回,私たちが調査した子どもたちが4つの群にどのように入っていたか割合で比べてみました。歪み群のほぼ半数がLL群,つまり情緒が不安定で衝動も統制出来ない子どもたちです。

それに対して,ノン歪み群では,ほぼ8割がHH群,つまり情緒が安定し,衝動も抑えられる子どもたちであることがわかります。

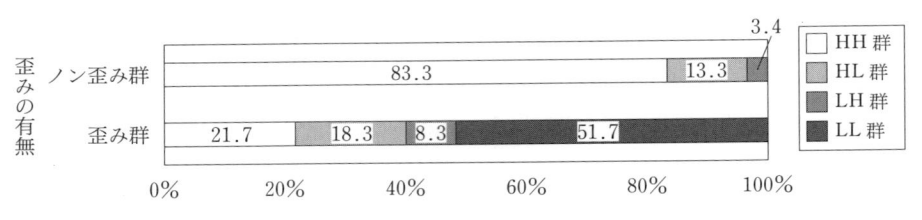

図5　情緒安定×衝動統制得点による4群の人数割合

また,これら4群(情緒安定得点×衝動統制得点 HH群,HL群,LH群,LL群)のそれぞれの特徴を見るために,群ごとに,歪み群とノン歪み群に分けて,11行動項目の平均点を出しました(図6-1～図6-4)。そこに見られた各群の特徴を表3に記します。

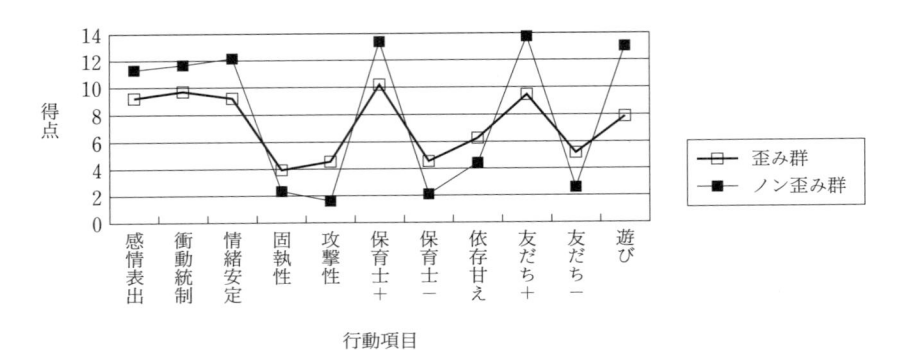

図6-1　情緒安定×衝動統制HH群の行動特性パターン

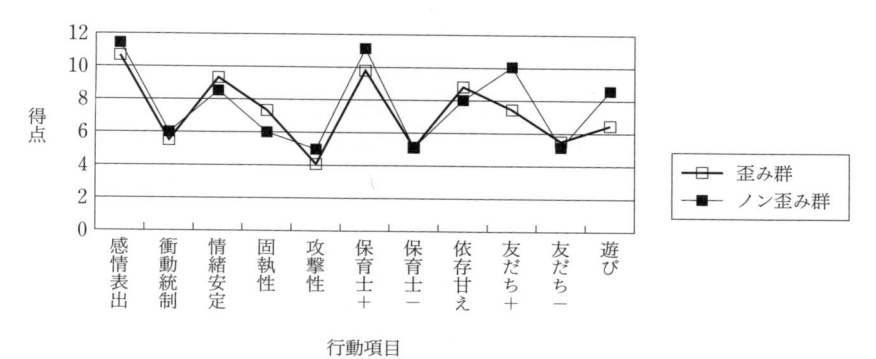

1章　人とうまく関われない子どもに目を向けましょう　155

図6-2　情緒安定×衝動統制 HL 群の行動特性パターン

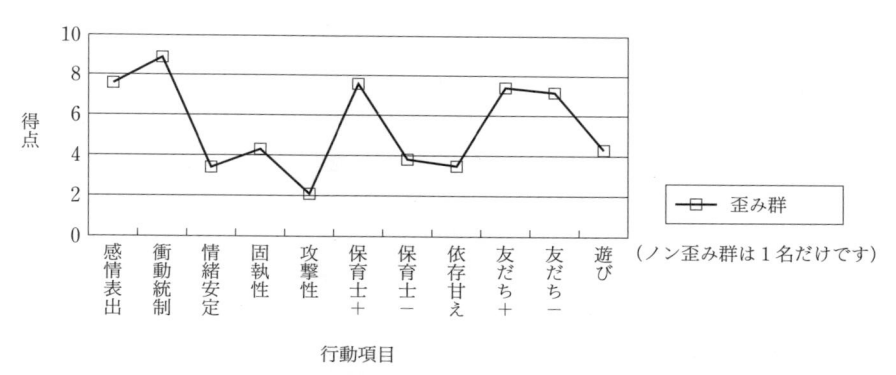

図6-3　情緒安定×衝動統制歪み群 LH 群の行動特性パターン（ノン歪み群は1名だけです）

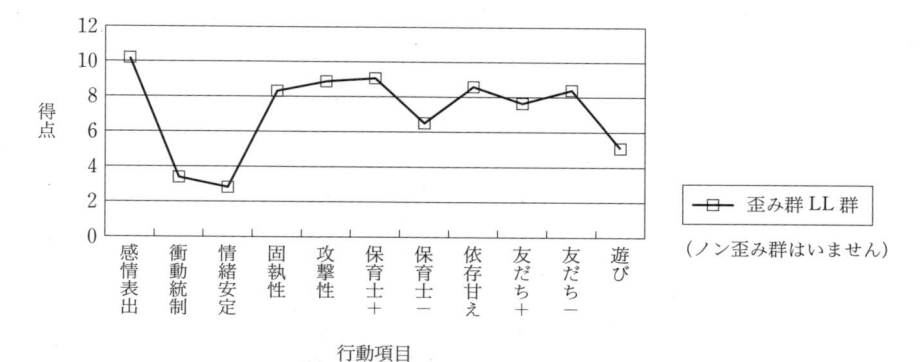

図6-4　情緒安定×衝動統制歪み群 LL 群の行動特性パターン（ノン歪み群はいません）

表3　情緒安定×衝動統制得点による4群の特徴

群	特徴
①HH群	情緒が安定して衝動の抑えも利く子どもたちです。これだけでも人との関わりがよいことが十分考えられます。その上図からも分かるように，この群に入る子どもはノン歪み群，歪み群の区別なく，感情表現が豊かで，保育士や友だちとの関わりも良好です。また，よく遊び，攻撃性も少ないのです。 　両群の違いは，ここに記した特徴がノン歪み群ではより明確に出ている，ということです。望ましいと考えられる項目はより高い得点に，望ましくないと考えられる項目はより低い得点になっています。
②HL群	情緒は安定していて甘えもあるのに衝動の統制はできない子どもたちです。保育士，友だちに愛着をもち，攻撃性は低得点です。歪み群ノン歪み群の違いは，ほとんどありませんでした。
③LH群	情緒は不安定なのに衝動の抑えは効くという子どもです。ただ，この衝動統制が突出して全項目の中で最高点であることがこの子どもたちの特徴です。怒りも要求も抑えてしまうのは，不自然なことです。怒るべきとき，要求すべきときにも，それを抑えてしまうのがこの子どもたちで，これでは当然，よい人間関係は結べないでしょう。なお，ノン歪み群の子どもは1人なので，両群の比較はできません。
④LL群	情緒がひどく不安定，依存・甘えは高く，衝動はほとんど抑えられない，という問題を抱えた子どもたちです。遊びが下手で，泣き喚くことが多いのもうなずけます。なお，ノン歪み群の子どもは皆無です。

(5) 関わりのパターンを保育士に対する依存・甘え得点から見る

　図3-8（p.149）を見てください。保育士に対する依存・甘えだけは他の図とは異なり，高得点に偏ったり，山型になるなどのことがなく，まんべんなく散らばっています。しかも歪み群とノン歪み群の差がほとんどないのもこの項目だけです。子どもによって得点がこうもばらついているのは何かわけがありそうです。

　また情緒は安定しているのに，衝動統制の出来ない子どもたち（②HL群）及び，情緒も不安定，衝動も抑えられない子どもたち（④LL群）に，とくに保育士に対する依存・甘えが強く見られました。この項目には特別な注意が必要と思われます。

　前に述べたように子どもが友だち関係を作る上で情緒の安定と，衝動を抑えることは基本的な側面であり，その視点から情緒安定と衝動統制の得点を組み合わせて①HH群，②HL群，③LH群，④LL群の4つの群を作り考察してきましたが，これだけではどうもうまく理解できません。そこで保育士に対する依存・甘え項目の得点と，この4つの群との関係を見ることにしました。

　今回も保育士に対する依存・甘えの項目得点を平均点（6.1）を基準にして高低の2

1章　人とうまく関われない子どもに目を向けましょう　157

群にわけ，それぞれ⑤H群，⑥L群としました。私たちの調査した子どもたちの保育士への依存・甘えと情緒安定×衝動統制の関係は下の図のようになりました。歪み群とノン歪み群とではずいぶん傾向が違っています。

歪み群：保育士への依存・甘えと情緒安定×衝動統制

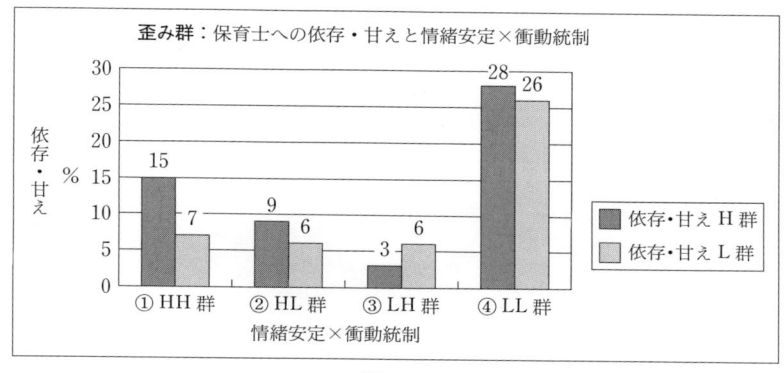

情緒安定×衝動統制	依存・甘え H群	依存・甘え L群
① HH群	15	7
② HL群	9	6
③ LH群	3	6
④ LL群	28	26

図7-1

ノン歪み群：保育士への依存・甘えと情緒安定×衝動統制

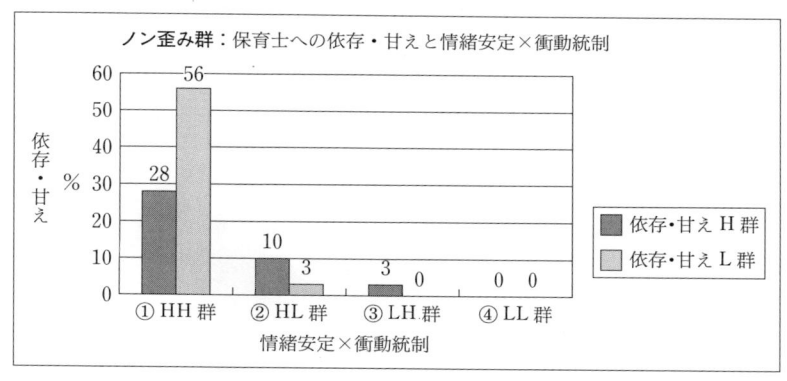

情緒安定×衝動統制	依存・甘え H群	依存・甘え L群
① HH群	28	56
② HL群	10	3
③ LH群	3	0
④ LL群	0	0

図7-2

　歪み群，ノン歪み群とも情緒安定×衝動統制①HH群を注目して下さい。依存・甘えのH群とL群の割合が歪み群，ノン歪み群で逆転していることが分かりますか。上の2つの図を見ながら，保育士への依存・甘え得点と情緒安定×衝動統制の4群との関係を見ていきます。つぎの表で概要を説明します。

158　第2部　人との関わりに歪みをもつ子どもと出会ったとき

表4　情緒安定×衝動統制と保育士への依存・甘えとの関係

情緒安定× 衝動統制 群	保育士への依存・甘えとの関係	
	歪み群	ノン歪み群
① HH 群	保育士への依存・甘えの多い者が少ない者の2倍見られました	保育士への依存・甘えの多い者は少ない者の1/2でした
② HL 群	保育士への依存・甘えの多い子が，少ない子より多く見られました	
③ LH 群	半数以上が依存・甘えがありません	該当者はほとんどいません
④ LL 群	ほぼ半数が依存・甘えがありません	該当者は皆無でした

　HH群は情緒が安定していて衝動も抑えられる子どもたちです。十分よい関わりをもっていると思われるこの子どもたちの2割を現場の保育士が歪み群として選び出しているのです。その理由はこの保育士への依存・甘えの強さにあったのではないでしょうか。HH群に入るノン歪み群の子どもで依存・甘えが多い者は少ない者の2分の1であるのに，歪み群の子どもたちでは依存・甘えの多い者が少ない者の2倍もあります。つまり強い依存・甘えに支えられてようやく人との関わりを保っているのでしょう。

　HL群は情緒が安定していますが衝動は抑えられない子どもたちです。乱暴で反抗的なのに，一方ではペタペタ甘える，あるいは乱暴が甘えの表現なっているという子どもがよくいます。HL群はそうした子どもたちであり，甘えられるから情緒が安定しているのでしょう。

　情緒は不安定で衝動的，というのがLL群で，しかもその半数が甘えることもできないのです。もしこの子どもたちが安心して甘えられる対象をもつことができれば，全体的な関わりのパターンも変わってくるでしょう。

チェックポイント4

　あなたが考えている問題のある子どもは，この図のどこに入りますか。チェックポイント3で①HH群，②HL群，③LH群，④LL群のどこに入るかチェックしてあれば，それに加えて依存・甘え得点が6.1より高ければH群，低ければL群に入れればよいのです。

　　（　　　）群

問題の所在が少しはっきりしてきたでしょうか。関わりに歪みがあると思われる子どもと向き合うとき，どのように対処したらよいかここで少し考えてみましょう。

対処1　依存点が高く，情緒安定×衝動統制① HH 群・② HL 群の場合
　この条件をもつ子どもは衝動が抑えられるにせよ，抑えられないにせよ，情緒が安定していて甘えることの出来る子どもです。十分甘えさせてあげましょう。時と共にそれほど甘えなくなると思います。

対処2　依存点が低く，情緒安定×衝動統制① HH 群の場合
　情緒が安定し，衝動も抑えられますが，甘えの少ない子どもです。
　他の条件を考えながら見守ってあげましょう。

対処3　情緒安定×衝動統制③ LH 群，④ LL 群の場合
　衝動が抑えられるにせよ抑えられないにせよ，情緒が不安定で，かなり大きな問題をかかえている子どもたちです。うまく働きかけて，まずあなたに安心して甘えられる子どもにしてあげましょう。他のことはあせらずに，それは次の仕事と思って見守ることが必要です。

これまで，私たちは子ども自身に目を向けてきました。ところで，保育士が子どもの関わりに問題を感じるとき，どのような視点に注目しているのでしょう。私たちは東京都公立保育園に勤務する150人余りの保育士に聞いてみました*。

その結果，3歳未満では子どもの周辺の環境，生理的傾向，生活習慣，たとえば子どもの吐きやすさ，アレルギーの有無，排泄のまずさなどが関わりの問題につながることがある，としているのに対して，3，4歳では言語，理解力など，子どもの基礎能力を，5，6歳では性格，遊び方など社会性に関するものをその視点としていることが分かりました。養育者の養育態度，家庭環境はすべての年齢にわたり，最も重大な条件としていることも付け加えておきます。

そこで，次に子どもたちを取り巻く環境を取り上げることにします。

（執筆者：発達臨床研究会　大島葉子・大野澄子・茂木真理）

＊大島他 1999「幼児の歪み行動に対する評価(1)―保育者間による差異―」『日本教育心理学会総会発表論文集』

2章
子どもを取り巻く環境に目を向けましょう

　子どもを取り巻く環境にはいろいろなものが，それこそ幾重にも絡み合って存在しています。気候，風土から始まって，どんな地域に，どんな住まいで，どんな家族と暮らしているか，千差万別です。また同じように見える環境が，子どもによって異なる受け止め方をされています。子どもの関わり行動に影響を与えている環境条件を取り出すのはとても難しく，森羅万象とでも言いたくなりますが，私たちはその答えの糸口を現場の観察に求めました。現場で，ある子どもが友だち，保育士とうまく関われないとき，日頃その子どもを担当している保育士は，その環境の何に問題を感じているのでしょうか。気になる子どもの行動を，自由に記述した資料を丹念に掘り起こし，担当保育士を中心に，私たちは1ケースごとに徹底した話し合いを繰り広げました。その子どもを十分理解するまで時間を惜しまず問いただし，すべての子どもについて同じことを続けました。次に自由記述に書かれている環境に関係のある文，語句のすべてを1つずつカードに書き出しました。このカードを広い部屋いっぱいに広げ，似ているものをまとめる作業をした結果，幾つかのカテゴリーが抽出できました。こ

こから出発して，必要と思えばカテゴリーごとにさらに項目を定め，調査，観察，再調査をくりかえしました。こんなに長い年月をかけ，整理，考察をしましたが，言えることは多くありません。これは保育士の調査の対象が直接観察できない範囲にまでわたっているので，見えることから推測したものが多く含まれたためと思われます。しかし私たちは常に現場の目に忠実に，研究を進めました。その結果得た，ある程度確からしいと考えられるものについてお話しいたします。

2-1　養育態度

　子どもが周りの子どもたちとうまくやっていかれないとき，保育士の多くはまず親の養育態度に問題があるのではないかと考えます。

　それでは養育態度という言葉のなかに，養育者の子どもに対するどんな態度が含まれているのでしょうか。私たちは保育士の自由記述のなかから親の子に対する態度を示す言葉をすべて集め，その上に，岡らがかつて行った母子相互関係の研究*から得た親の態度も加え，整理したうえで10個の側面を定めました。この10側面について，歪み群の養育者と，ノン歪み群の養育者とがどのような子育てをしているのかを調べてみました。

　その結果，ノン歪み群の子どもの親は，①子どもの方を向いていてあたたかく，子どもの言い分をきちんと聞き，受け止めています。ここで注意したいのは，子どもの言うままに全部受け入れるのとは異なり，子どもが言いたいことが何か，ひとまず聞いてあげる態度が目立つことです。②指図がましい言動が少なく，子どもが泥んこになって服を汚してもしたいようにさせています。③子どもが危ないことをしたり，人に迷惑をかけることを許さず，その場できっぱりやめさせます。ノン歪み群の親には，程度に差はあっても，養育態度のなかにこの3点が共通して認められました。

　一方，歪み群の親の子育てはさまざまで，それぞれのやりかたをしているのがその特徴と言えます。たとえば次のような態度がみられました。①親の都合が先に立って子どもに目が行きません。放り出して世話をせず，子どもに無関心な親もいました。②一方的にあれこれ命令し，やめさせたり，子どものやりたいことを無視します。③良い悪いをきちんと教えず，子どもが悪いことをしてもしつけようとしません。

　このように両群の親の態度は違っていますが，その上に，ノン歪み群では，すべて

---

* 岡，他　1984「精神発達と母子関係　乳児から幼児へ10-14」『日本教育心理学会総会発表論文集』
　岡，他　1986-1989「母子関係と子どもの発達1-12」『日本教育心理学会総会発表論文集』

の親が上の3点の態度を共通にもっているのに対し、歪み群では、このうちのただ1つをもつ場合もあれば、2つをもつ場合もあります。

　人の態度も、人と人の関係も、たいそう複雑なもので、ある1つの態度があれば子どもが良くなるとか、悪くなるとかいうものではありません。子どもを可愛がりさえすればいい子に育つわけでもなく、可愛がってもうまくいかないこともあります。これはノン歪み群の親がさまざまな点に配慮して、子育てをしていることからもうかがえます。問題が生じる場合も同じことが言えると思いますが、望ましくない養育態度が1つあるだけで、それがかなり強く子どもに影響し、歪みの起きる原因を作ることがあります。

　以上のように一応の結果は出ましたが、私たちの行った養育態度の分析方法は、記録を取る上で難しさがありましたので、もう少し簡単に、その傾向が見られるように質問項目を作りました。

養育態度質問紙

　この質問紙は大きく3側面に分かれています。基本的配慮、受容、教育的配慮です。子どもを健康に育てるために基本的なベースとなるものが基本的配慮です。子どもに愛情をかけ、温かく接するのが受容です。悪いこと、よいことのけじめを教え、自分で考えることの出来る子どもに育てようとする態度が教育的配慮です。

(1) 質問紙に記入する

　次の質問項目に従ってあなたの気になる子どもの場合を考え、該当すると思われるところにその評価を○印でつけてみて下さい。a：「はい、いつも」、b：「はい、時々」、c：「稀に」d：「いいえ」の4段階です。
1. 養育者は子どもに対して生活上の基本的配慮をしていますか
　(1) 子どもの生活時間に気を配っている。(a・b・c・d)
　(2) 子どもの衣服や身の周りのものを清潔にしている。(a・b・c・d)
　(3) 子どもの健康に気を配り適切に対応している。(a・b・c・d)
　(4) 子どもにきちんとした食事をさせている。(a・b・c・d)
2. 養育者は子どもを受容していますか
　(1) 子どもが話しかけた時きちんと相手をしている (a・b・c・d)
　(2) 子どもが笑いかけた時笑いかえしている (a・b・c・d)
　(3) 子どもがぐずった時受け止めて、問題を解決するようにしている (a・b・c・d)
　(4) 子どもが何かを発見したり、出来るようになったりした時、一緒に喜ぶ (a・b・c・d)
　(5) 子どもをほったらかしにしている (a・b・c・d)
　(6) 子どものことより自分の都合を優先させる (a・b・c・d)
　(7) 子どもを別の人格と認めず、ペットのような可愛がり方をする (a・b・c・d)
　(8) 子どものいいなりになっている (a・b・c・d)

3．養育者は子どもを社会の一員として育てるべく教育的配慮をしていますか
 (1) 子どもに危険なことをきちんと教えている （a・b・c・d）
 (2) 子どもに優しさや正義について教えている （a・b・c・d）
 (3) 夜，お話をしたり，絵本の読み聞かせなどをしている （a・b・c・d）
 (4) 自然に親しむ機会を作り，動物を可愛がり，植物を育てるなどしている （a・b・c・d）
 (5) 子どもが手足や衣服を汚すと叱る （a・b・c・d）
 (6) 子どもがおもちゃを広げて遊ぶのを禁止する （a・b・c・d）
 (7) 子どものすることに口出しをする （a・b・c・d）
 (8) 子どものすることを先取りして指示したり教えたりする （a・b・c・d）

(2) 点数化する

養育態度の傾向を比べやすくするために上の答えを点数化してみましょう。
(1), (2), (3), (4)については
　a.「はい，いつも」に3点，
　b.「はい，時々」に2点，
　c.「稀に」に1点，
　d.「いいえ」に0点を与えます。
(5), (6), (7), (8)については
　a.「はい，いつも」に−3点，
　b.「はい，時々」に−2点，
　c.「稀に」に−1点，
　d.「いいえ」に0点を与えます。
1〜3の各問題ごとに(1), (2), (3), (4)の合計と，(5), (6), (7), (8)の合計を出して下さい。

1		(1)	(2)	(3)	(4)	計
	評価					
	点数					
2		(1)	(2)	(3)	(4)	計	(5)	(6)	(7)	(8)	計
	評価										
	点数										
3		(1)	(2)	(3)	(4)	計	(5)	(6)	(7)	(8)	計
	評価										
	点数										

(3) 養育モデル図を作成する

あなたが問題としている子どもの親の養育態度パターンを図8を参考にして作成してください。
まず，基本的配慮得点を縦軸の座標にとります。
次にその得点を原点として，そこから直角に開いた2直線を交差して書きます。その一方の線に

164 第2部 人との関わりに歪みをもつ子どもと出会ったとき

受容得点，もう一方に教育的配慮得点を書きこんでください。受容得点，教育配慮得点は縦軸の右にプラス点が，左にマイナス点が来るように記入し，2線分上のマイナス点同士，プラス点同士を結んで下さい。縦軸を中心にして左右に2つの三角形が出来ましたか。

　私たちの研究結果では，基本的配慮点を示す縦軸の上方に，他の2側面のプラス方向である右側に大きな三角が，マイナス方向である左側に小さな三角ができるのがノン歪み群の養育者の典型（図9-1）です。これに対して歪み群の養育者は縦軸の右に小さな三角が，左に下向きの細い三角が出来ます（図9-2）。このような型は歪み群の親の1つの典型です。もう1つの典型的な型は，縦軸下方の右にとても小さな三角が，左に上向きの細い三角が出来る場合です（図9-3）。これは良くも悪くも子どもに関わりをもたない，育児放棄型といえるような養育者です。

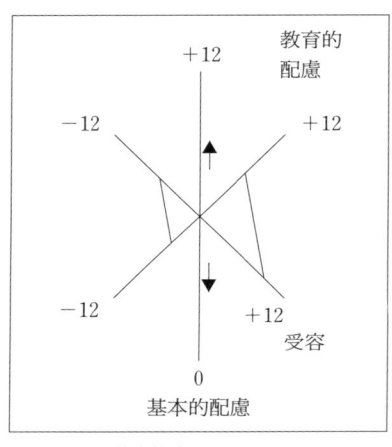

図8　養育態度パターンのモデル　　　　あなたの場合

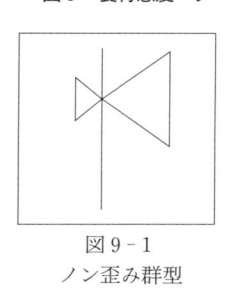

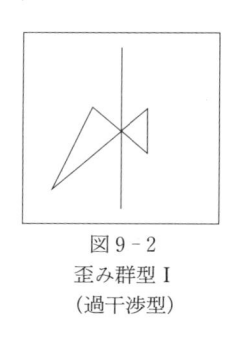

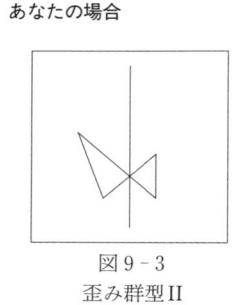

図9-1
ノン歪み群型

図9-2
歪み群型Ⅰ
（過干渉型）

図9-3
歪み群型Ⅱ
（育児放棄型）

図9　典型的な養育態度パターン

チェックポイント5
　問題としている子どもの親の養育パターンは　　　　　　パターン

2-2　家庭環境

　子どもを取り巻く環境のなかで養育態度とともに大切なものが家庭環境です。子どもは自ら選ぶことのできない家庭環境によって大きな影響を受けます。しかもちょっと見ると同じように見えるのに、いろいろの要因と絡み合ってまったく違った結果を生むこともあります。たとえば両親の不和・離婚は子どもを不安定にすることが多いのですが、離婚した母親が子どもを連れて実家にもどり、祖父母の元で可愛がられ、母も安定してすっかり落ち着き、元気になった子どもがいます。また母親が離婚して子どもを置いて家をでたあと、新しい母親や、叔父夫婦が子どもを可愛がり、問題がなくなったものもいます。ですから単純にこれが危険な家庭環境と特定することは出来ませんが、問題を生みやすい要因と考えられるものを次にあげます。

　1）家族の使用言語
　　10年前でも国際結婚をしている親が見うけられ、父親が日本人、母親が外国人というケースで、言葉の問題から両親間の共通理解が得にくく、子どもに歪みが生じたことがありました。最近は国際結婚以外にも就労者や留学生家族など、保育園にも国際化の波がおしよせ、子どもの園生活に支障が生じる場合も出てきています*。異文化による育児観の違いから、誤解を生むこともあります。
　2）家族の病気
　　母が病気の場合はもちろんのこと、父親の病気、兄弟の病気も看病、経済的問題から家庭の機能がとまり、子どもの行動に歪みが起きることがありました。
　3）育児の援助者
　　現代の家族構成から考えれば当然のことかもしれませんが、育児すべてを母1人で引きうけなければならないのは大変なことです。歪み群の38％、ノン歪み群の33％は育児の援助者がいませんでしたが、このうち緊急時にもいないという状況を調べると、歪み群22％、ノン歪み群5％と大分差が出てきました。本当に困ったときも頼れる人がいないという思いは、そうでないときでも母親の気持ちを不安定にしてしまうことが分かります。
　4）家に閉じこもりがちな母親、家庭にうるさい人を抱えている母親
　　このような状況の母親がとくに多いというのではないのですが、母とひっそり家

＊茂木、他　2000「幼児の歪み行動に関する評価(3)―外国人園児の場合―」『日本教育心理学会総会論文集』

にこもっている子どものなかには、仲間とうまく遊べない子がいます。そうした子どもの行動を変えようとするとき、その母親に働きかけるのは割合やさしいことでした。自由にものを言ったり、うまく行動することができない母親ですが、機会を見ては話し相手をし、何よりも話の聞き手に回ることに努めれば心を開いてくれます。親身になって母を支え、周辺の行事に積極的に誘うなどの働きかけをするうちに、母と共に子どもの行動が変わっていきました。

5）親の多忙

親の養育態度はよさそうなのに、子どもの行動はどうもまずいというとき、よく見ると親が超多忙という場合がありました。家庭環境には一筋縄ではいかない複雑な絡み合いがあることを感じます。何とか調整して子どもの行動がおちつくまで、母親があるきめた時間は、子どものそばにいる、またはいたりいなかったりというのを極力やめて、短時間でもきめた時間だけは必ずいるようにするなど、工夫出来ることを母親と一緒に探してみると案外うまくいくことがあります。

6）大家族

親の養育態度にはかなりの問題があるのに、子どもの行動は大変よい、というケースもあります。この親にどうしてこんないい子が、という場合です。家庭環境を見ると兄弟が多いとか、祖父母に可愛がられる、などのことが見られました。兄弟が多ければ競争、助け合い、思いやり、けんかなどさまざまな関わりが起こり、子どもの発達を促しますし、祖父母との関わりは子どもを豊かにすることもあるでしょう。

チェックポイント6

あなたの今問題にしている子どもはどうですか

	(1)	(2)	(3)	(4)	(5)	(6)
該当する						
該当しない						

2-3　母親の性格特性

　保育士の多くが子どもの行動の歪みと母の性格との間に何らかの関係がありそうだと考えていました。そこで母親の性格特性を保育士に判断してもらい、それと子どもの行動との関係を調べてみましたが、保育士が母親の性格特性を判断するのはとても

2章　子どもを取り巻く環境に目を向けましょう　167

難しいことで，見るべき結果は得られませんでした。

　しかし保育士が母親に対してプラスまたはマイナスのイメージをもって接していることは確かですし，数人の保育士が同じ母親に対してかなり似たようなイメージをもっていることも事実でした。母親が保育士のイメージどおりであるか否かはさておいて，保育士は自分自身が，母親に対して好意的な，あるいは非好意的なイメージを抱いている，ということを知ることは意味があります。保育士が母親に働きかけることによって母親が安定し，子どもが変わっていくことはよくみられるところです。保育士が母親にもっているイメージには，もしかしたら思いこみによるものがあるかもしれません。そうでないにしても保育士が母親に抱いたマイナスイメージを，母に関わることによって好意的なものに変えていくことが母を変え，子を変えることにつながります。嫌な母親，駄目な母親と思いながら接すれば，母親はあなたのマイナスイメージに添った態度を取るでしょう。まず先に変わらなければならないのはプロである保育士のあなたです。片方が変わればもう一方も必ず変わります。母親を望ましい母親に変えていく鍵をプロの保育士は握っています。

チェックポイント 7

　あなたが今問題にしている子どもの母親に対してもっているイメージは

　　　　□□□□□　　　　イメージ

　これからの母親への働きかけはどうしますか。

　　　□□□□□□□□□□

2-4　子どもに対する母親や家族の感情的側面

　子どもをもつことに対する母親の意識は，子育てに影響しないはずがない，と現場の保育士は考えています。たしかに昔，岡らが行った乳児期の発達研究*では，子を待ち望んだ母親と，否定的な感情をもって出産した母親とでは，子育てに対する気持ちも態度も違い，子の発達にも差が出ました。そこで今回も次のことを調べました。

---

* 岡，他　1980-1982「乳児期の精神発達と母子関係 1-9」『日本教育心理学会大会発表論文集』

1）妊娠を知ったとき，妊娠中，出産時に母親が子どもに対してどのような肯定的，または否定的感情を抱いたか。
2）子育てを通して，子どものことをどのように感じているか。
3）子どもに対してどのような期待をもっているか。
4）子どもに遅れや障害がある場合それをどのように受け止めているか。

　ある程度子どもが大きくなってから，妊娠，出産時のことをきかれても，多くの母親にとって答えるのは難しく，それと子どもの行動との関係は探れませんでした。ただ，ここまで育てるのが楽しかったか，難しかったか，いま子どもをどう考えているかということが，上の質問からわかりました。

　母親が肯定的に子どもを受け止めていれば子どもに問題がなくいい子に育っている，というような関係ではなく，両者の間にはもっと根本的な因果関係があるようです。その要因の1つに子どもが素質的にもっている特性があげられます。もともと身体的に問題がなく，性格的にも穏やかな育てやすい，扱いやすい子どもに恵まれた母親は，「楽な子だった」，「いい子だった」，と感じていますが，気難しく病気がちな子，動作が遅く機敏でない子，よく転ぶ子，あるいは障害のある子をもった母親は，子育てを苦労の多い大変なものと受け止めています。

　また子どもが活発で好奇心に富んでいる，というような元気な子，一般的に見れば望ましい子どもと言えそうな場合でも，母親の体力や年齢によってはマイナスの条件になってしまい，「本当にいつも動いていて，この子の相手をしていると疲れる」というようなことになります。

　このように子育てについての母親や家族の感情は，子どものもつ固有な要因によるところも大きい反面，養育する側の肉体的，経済的，住環境等々あらゆる要因により左右されるものだと言えるでしょう。子どもが泣いても騒いでも可愛いと感じられる人，笑い声さえもうとましく感じる人，また，同じ人であっても時と場合によりその感情は違ってくるのではないでしょうか。

　ここで注意が必要なのは，「育てやすい，おとなしい，手がかからない」というときです。このような子どもは，一見よい適応をしているように見えながら，感情や意欲の表出に問題があったり，抑圧がある場合があります。問題が見過ごされる危険性があるので，園でも手がかからず，集団の周辺にいて歪みのないように見える子どもには，「ひょっとしたら…？」という疑問を投げかけてみる必要があります。重大な問題を抱えているかもしれません。

チェックポイント 8

問題となっている子どものお母さん（養育者）は子育てをどのように感じていますか？

保育の専門家として，お母さんにアドバイスすることがありますか？

（執筆者：発達臨床研究会　大島葉子・大野澄子・茂木真理）

3章
歪み行動の変容をみましょう

3-1　変容の実態

　対人関係に歪みのある子どもが時の流れに従ってどうなっていくのか，初回調査で対人関係に歪みがあると判断された子どものうち，経過の追えた36名についてほぼ1年後に改めて2回目の調査を行いました。
　調査はこれらの子どもを担任する保育士に対して次の2つの方法で行いました。1つはこれらの子どもの状態，彼らを取り巻く環境について自由記述をとり，もう1つは，初回と同じ行動特性の質問紙を用いて各児の関わりの歪みを点数化して図に表わし関わりのパターンを作りました。その結果，これらに見られた変容が似ている子どもたちを集め，Ⅰ型，Ⅱ型，Ⅲ型，Ⅳ型，その他に分けました。さらに私たちは，2度にわたる保育士の自由記述から子どもの変化した様子をとらえるために1人1人の子どもにカルテのような行動変容の記録票を作りました（表5）。

3章 歪み行動の変容をみましょう 171

表5 行動の変容記録票

タイプ：　　　　　ケース：

　　　　　　　　　　　　　　　　　記述者：

初期観察時 本児状態 　歳　カ月	
経過後 本児状態 　歳　カ月	
行動変容に 関わる要因	［要因1．　　　　　　］ ［要因2．　　　　　　］ ［要因3．　　　　　　］ ［要因4．　　　　　　］
特記事項	

　ではここで，歪みのない子どもたちと歪みのある子どもたちの，関わりの平均パターンをみてください。

　歪み群・ノン歪み群の関わりのパターンを図2（p.146）に示しましたが，ここでは両群の得点差の大きい順に主要項目を並べかえて，ノン歪み群の子ども像が描きやすいようにしてあります（図10）。ノン歪み群の子どもたちが歪み群に比べて高い得点を

とっている項目を見て下さい。友だちや保育士に友好的で楽し気に遊ぶ姿が見えてきませんか。低い得点の項目もこの子どもたちの特性をよく物語っています。

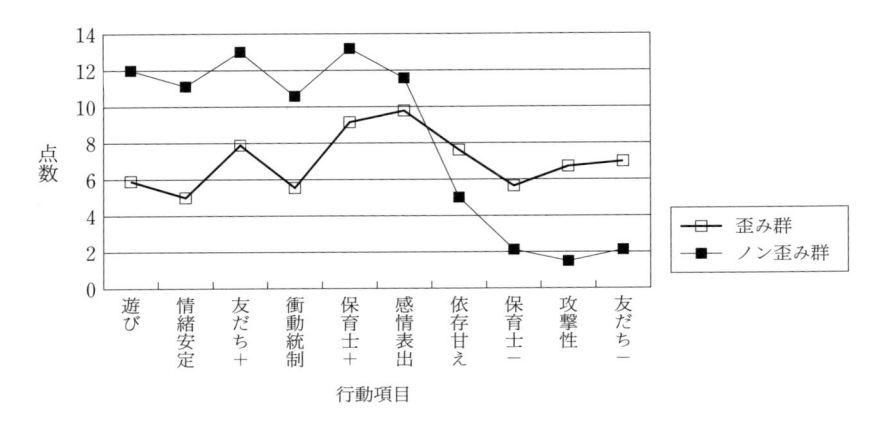

図10　歪み群・ノン歪み群の行動特性型（各項目平均得点）

対人関係に歪みのない群とある群の特徴が頭に入ったところで典型的な4つの型について説明を始めましょう。

【Ⅰ型】
　この型に含まれる子どもは36名中6名です。
初回調査時は明らかに歪み群型であった行動が1年後に行われた第2回の調査時には自由記述，関わりのパターンともにノン歪み群型の方向に変容した型です。
　これらの子どもたちは初回調査の時には，対人関係に何らかの歪みがみられたのが，2回目調査までの期間に，歪みを起こさせていた要因を意図的に改善させたり環境が変化したりして歪みの要因が除かれたと考えられます。ではなぜこのような変容が見られたのでしょうか。
　その要因を探るため保育士の記録を分析してみますと，保育士が保護者とよく連絡をとりあい，子どもを取り巻く環境をよい方向へもっていったり，母親が養育態度を改良できるように相談にのったり，支援したりしていたことが分かりました。また，子ども自身が成長することで親子関係が改善していったという報告も見られました。
　とくにこの型の子どもの関わりのパターンに注目すると初回の調査に比べて2回目の調査では攻撃性が減っているのが目立ちます。また，子どもの歪み行動が改善され

ていく過程では，問題の行動が変容していくだけではなく，衝動が抑えられるようになり，情緒も安定してきます。さらに保育士や友だちとの関わり方が積極的になる，感情表出がスムースにできるようになるなどの初回の調査ではなかった望ましい行動特性がみられるようになりました。

　この型に入る子どもたちを取り巻く環境，とくに家庭環境は当初ひどい状態であったものが，大きく変化し，それに伴って，それぞれの子どもをとりまく別の環境的要因も変わってきています。例をあげてみると次のような子どもたちでした。〈ケース１〉両親の不和，離婚，父親の暴力，などにさらされていた子どもが父と別居することで落ち着いた，〈ケース２〉母が家を出たために父母のいさかいから解放され叔父夫婦に可愛がってもらうようになった，〈ケース３〉母の仕事が変わり生活が安定し，園の迎えにも母が来られるようになった，〈ケース４〉子どもを受容できなかった母親が，保育士に子どもの長所を繰り返し聞かされることにより，子に対する見方や態度が温かく変化した，〈ケース５〉父親の態度の変化により父母の仲がよくなったなどです。このようなケースは環境の改善により，子どもたちの歪み行動も好転したことが明らかにされています。このように環境の変化は，子どもの行動に大きな影響を及ぼすことは確かですが，それだけではなく，子ども自身の変化，たとえば，〈ケース６〉のように，子どもの理解力がまし，言葉の発達が進んだために母親の子どもを見る目が変化して，よい関係が生まれた，のような子ども自身の変化がよい関係をもたらした場合もありました。

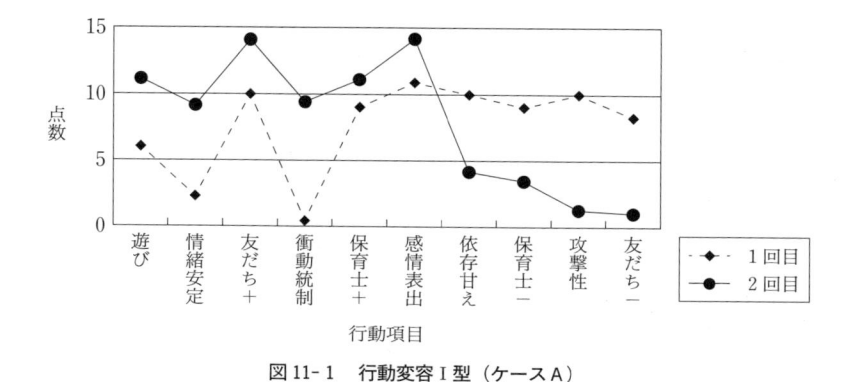

図11-1　行動変容Ⅰ型（ケースA）

I型　　　ケースA

記述者：AY

初期観察時 本児状態 3歳8ヵ月	短気でわがまま メソメソ長泣き 立ち直りが遅い
経過後 本児状態 4歳8ヵ月	時におお泣き 新入園児に興味を示しはじめた 攻撃性が著しく減った
行動変容に 関わる要因	［夫婦関係］ 　暴力を振るっていたのが振るわなくなった
	［父親の本児への態度］ 　暇なときは送迎をするようになる 　時には関わって遊ぶ 　本児の友だちも相手にする
	［保育園の本児への対応］ 　自分で思っていることが言葉にできないとき自己主張を促すように誘いかける 　泣かなくてもすむ気持ちの整理の仕方を教える
特記事項	

【II型】

　この型に入る子どもは36名中6名です。

　この子どもたちは初回の調査では気になる子どもとして歪み群に入れられていましたが、そのときすでに関わりのパターンはノン歪み群に近いものでした。何かの要因により一時的に歪みのある行動を取っていたものが、その要因が改善されて行動もよい方向に変化したと思われます。子どもの行動は必ずしも安定しているものではなく、その時々の環境の変化によって、とくに母親の気持ちが不安定になった場合などは簡単に気持ちがゆれ、行動にも影響し、歪みのある行動がめだったりします。そのようなとき、周囲の環境が子どもにとって居心地のよいものに戻れば困った行動は解消さ

れることが示されました。たとえば二重保育で不安定になっていた子どもが，それを止めたことで安定をとりもどしたり，妹が生まれたために不安定な行動をとり始めた子どもが新しい家族を迎えたという喜びの感情をもち，状態が安定した時点で，不安定な行動が解消されたりしています。

ただこうした場合，すべての行動項目に歪み行動が起こるわけではありません。また前にも書きましたとおり，周りの状態が安定すれば短期間によい方向に変わっていきます。ですから，この型のような子どもの場合，保育士はそれほど心配することなく，暖かく見守ってあげることが大切だと思います。

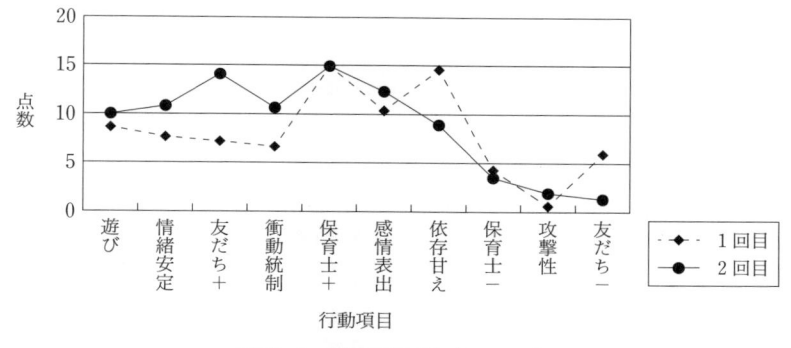

図11-2　行動変容Ⅱ型（ケースB）

Ⅱ型　　　　ケースB

記述者：OY

初期観察時 本児状態 2歳10カ月	嫌なことをされてもはっきりとした態度がとれなかった 気持ちを言葉で表現できなかった 精神的に不安定だった
経過後 本児状態 3歳11カ月	気持ちを言葉で表現でき，意思表示ができるようになった 精神的に安定し，自発的な態度がでてきた 友だちとの関わりがよくなった
行動変容に 関わる要因	［養育環境］ 　二重保育の解消（母親との関わりが増える…保育園の送迎）

	[親の本児への評価] 　意思表示ができるようになると，可愛さが増した
特記事項	両親の年齢が高く，子どもがいないと寂しいので産んだ　父母とも誠実

【Ⅲ型】

　この型に入る子どもは36名中12人でした。

　保育士による観察記述では，歪みが望ましい行動に改善されたと記されていますが，関わりのパターンはある程度改善されているものと，ほとんど変化の見られないものとがあります。このことは，子どもの関わり行動の歪みがまだ本当に解消されているわけではなく，その一歩手前の段階にあると見られるのではないでしょうか。

　この型の子どもたちについての保育士の記録をみると，保育士たちは子どもの対応にとても心を配っています。一般的に子どもがうまく関われないとき，保育士が子どもを他児から離して1対1の対応をとることと，保育士が仲介して子どもが友だちの輪の中に入れるように助けることの両方が必要と言われていますが，この型の子どもの担当者はそれをしています。

　子どもは集団の中で見習い学習をすることが大変多いのですが，それがうまくできない子どもに，保育士は一方では個人的に関わって情緒を安定させ，また一方では集団の効用をうまく使えるように配慮しているのです。たとえば言葉の十分でない子には保育士が代弁をしています。言葉は関わりを深めるための大事な手段ですが，それがうまく使えないとき，保育士が代弁者になることはとても大きな意味をもちます。

　また，集団の有難いところは，歪み行動のある子ども自身も，また周りの子どもも共に成長していくことです。たとえば乱暴な攻撃的行動をとる子どもがいた場合，周りの子どもたちがその子どもを抑えることができるようになると，子どもの中の力関係が変わり，バランスの取れた対応が生まれてくるのです。こうしたとき，保育士がうまく子どもを支えれば，集団に入れなかった子どもも主張の仕方，我慢の仕方を学

ぶことができます。

　そして，運動会その他園の行事のなかでの子どもの頑張りが，子ども自身に自信をもたせ，その上その子に対する周りの子どもや親の見る目を変えさせるきっかけを作ることもあると報告されています。実際そのようなとき，親と友だち，当の子ども自身のなかに深い感動が起こっています。保育士が，そのような機会を子どもに応じて作っているのです。

　さらにまた母親と話し合ってぐちを聞き，母の精神的安定を図りながら子どものよい点を認めさせていくこともしています。母親の養育態度が問題だとわかっていても，それを指摘して改めさせることはまず無理なことです。母自身，わかっているけど変えられない，というのが普通だからです。それよりはここで保育士がしているように，母の悩みを受け止めて，わかってあげる，その上でこの子はこんなことをした，いい子だねと母の気がついていないよいところに気づかせ，可愛さをかきたてる方が母の態度を変える近道です。

　子どもを取り巻く環境に問題があって，その改善に希望がもてないときでも，こうした保育士の努力が子どもの行動を変えていくことがうかがえます。保育士の意図的な努力が見られるのがこの型の特徴であり，変わりつつあるのが子どもたちの姿だと言えそうです。

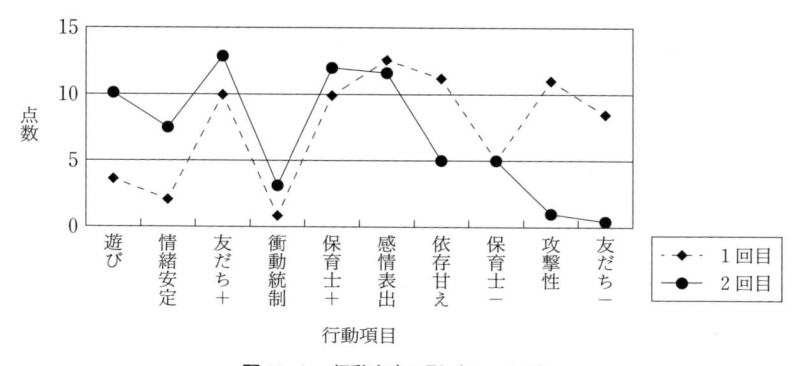

図11-3　行動変容Ⅲ型（ケースC）

Ⅲ型　　　　　　　ケースC

記述者：MY

初期観察時 本児状態 4歳0カ月	ささいなことで急に泣き出す 突発的な行動をとる わかっていても行動に移せず，ふらふら歩きが多い 日によって，行動の浮き沈みが大きい 1人遊びが多い
経過後 本児状態 5歳2カ月	落ち着きがない 明るく子どもらしい 友だちとは誰とでも遊べる 自信がないので，何事も保育士に確認にくる わずかな失敗にもこだわる
行動変容に 関わる要因	［家庭環境］ 　父親の暴力のため，祖母宅へ避難 　離婚調停中 ［養育者の態度］ 　母は子どもを祖母と保育園にまかせきり 　祖母は口うるさく先回りして代行する ［保育園の本児への対応］ 　保育士と本児との1対1対応 　他の子どもへの仲介をする
特記事項	

【Ⅳ型】

　この型の子どもは36名中10名でした。

　保育士の記述によると，2回目調査時の子どもの行動は初回とほとんど変化がなく，むしろ困った行動が増えています。関わりのパターンは変化していますが，その方向はノン歪み群とは違っています。多くは乱暴で騒ぎを起こし，ひねくれていて興奮しやすく，攻撃性が増し，その上衝動を統制する力も落ちてきている子もいます。今までよい子であったのに親の言うことをきかなくなったものもいました。また，友だちとの関わりが増える一方で保育士への態度が反抗的になることもあります。

このような場合，この子どもたちの歪みはますますひどくなっていると考えるべきでしょうか。保育士との関わりが増えていることに注目しましょう。保育士に対する反抗的態度が増えてはいますが，保育士と関わりをもたなかった子どもが保育士に反抗するなら，これは関わりをもてるようになったとも考えられ，同時に反抗することで関わりを求めているとも言えるでしょう。依存・甘えのなかった子どもに甘えが出てきたものも少なくありません。これは抑えられ，自信をもてなかった子どもが，友だちなり保育士なりと関わることにより自己を表出し，主張し始めたとき，とる形が攻撃であり，反抗であったように思えます。とすればこうした変化は，歪み行動が修正される過程で現れた「ゆれ」とみてよいのではないでしょうか。一見悪くなった子どもの行動を見て戸惑う母親にその意味を理解させ，支える必要があるでしょう。

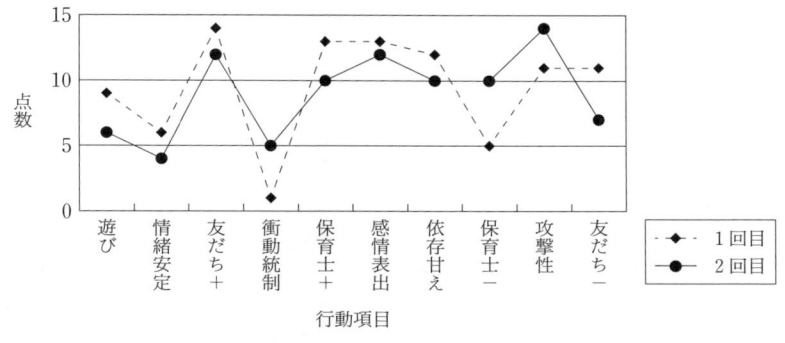

図11-4　行動変容Ⅳ型（ケースD）

Ⅳ型　　　　　　　ケースD

記述者：OY

初期観察時 本児状態 5歳4カ月	性格が暗い すぐにいじけてしまう 友だちとの関わりが悪くわざといやがることをしたり，言ったりする チック症様の痙攣もみられる
経過後 本児状態 6歳4カ月	「母親がいるから友だちはいらない」といいつつ，「いじめるから，いれない」などと言われるとメソメソ泣き出す。 ごっこ遊びのリーダーなどすることもある。 自分勝手な行動からいじめられることがある。

行動変容に関わる要因	[保育士の対応] 　スキンシップを多くする 　優しい言葉がけ 　はげまし 　誉める 　明るく接する
特記事項	父は躁うつ病で入院中

付記

　私たちは精神発達遅滞，自閉症，自閉的傾向をもつ子どもを除外しましたが，現実にはこれらの子どもがクラスの中にいることは多いと思いますので，一言触れておきます。

　これらの障害をもつ子どもの場合も，子どもを取り巻く環境が整備され，保育士が適切な対応を取ることにより，関わりは改善されます。しかしその場合もⅢ型程度までの変化であることが多く，Ⅰ型まで進むことは難しいでしょう。また，保育士が適切な対応をするためには，専門機関との連携も必要です。小学校以降の適応をよくするために，幼児期に出来るところまで関わり行動を改善することが大切です。

3-2　行動の変容過程のまとめ

　いままでに記してきた典型的な 4 つの変容タイプをみることで，保育士が歪みのある子どもを変えていきたいと思うときの何かのヒントになるのではないでしょうか。ここで，これまでみてきた歪み行動の変容過程を，もう一度まとめてみることにします。

(1)　行動変容は何によって起こるのか

　関わりに歪みのある行動を修正する上で重要な働きをもつものとして，①子ども自

身の成長，②保育士の対応，③家庭環境の改善の3点が浮かびあがってきました。それぞれについて考えていきましょう。

①子ども自身の成長

　とくに言葉の発達に伴い意思表示が出来るようになると友だちとの関わりがスムーズになります。親子関係さえ変わってくることが，「子どもの気持ちがわかってきて可愛くなった」と言う母の言葉で分かります。また子どもを取り巻く子どもたちの成長も重要な条件の1つです。歪みのある子どもの乱暴な行動をどうしてよいかわからなかった他の子どもたちに力がついて，それを抑えることが出来るようになると，そのことが歪みをもつ子の抑止力を伸ばすきっかけになります。成長した周りの子どもはまた，歪みをもつ子どもを受容して，その対応がうまくできるようになります。こうして歪みのある子どもも集団の中にとけ込んでいくことができます。成長の著しい幼児期は，歪みを直すのに大変よい時期と言えます。成長する力を邪魔しないで見守るだけでも行動はある程度修正されるでしょう。

②保育士の対応

　この研究に参加した保育士たちは，まず問題をもつ子どもを他の子から離して個人的に対応し，子どもが安心して依存できる場を作っています。また集団という場を積極的に利用して他の子との関わりがもてるように仲介役を果たしています。周りに子どもがいるからこそ友だちとの関わりが修正できるし，友だちとの間をつなぐ保育士がいるからこそ，それが可能になるのです。また養育者，とくに母親との話し合いの機会を多くもち，親身になって愚痴を聞き，その精神的安定をはかることは，子どもの環境を改善するうえで大変有効です。養育者に養育態度の偏りを説明し理解させても，人の態度はそれほど簡単に変わるものではありません。保育士が養育者の重荷に耳を傾け，共感し，一緒に子どもを見つめるとき，養育者は本当に必要なものが何か，自分が何を変えればよいのかを知るのです。また孤独で引きこもりがちの養育者に仲間作りを勧め，そのきっかけをつくってあげることにより，それが子どもに対する態度を変えていきます。1人ではない，仲間がいるという思いは，養育者の心にゆとりをもたせます。追い詰められた親は子どもに豊かな環境を与えることは出来ません。

③家庭内環境の改善

　家庭内環境を変えると一言で言っても，前にもふれたようにその変わり方はさま

ざまです。
　両親が離婚することにより家庭に平和が戻り子どもがよくなったことがありましたし、子どもを顧みない父親が保育園で電気器具修理の技術をかわれ評価されたことがきっかけで子どもに対する態度が変わり、子どもの行動が変わったという例もありました。
　反対に家庭内環境が劣悪な場合、他の条件を動かすなど保育士が努力しても、望ましい変容を起こすことが出来なかった例もありました。家庭内の環境がどのような形にしろ改善されることで、子どもの行動がよい方向へ変化することは確かなことです。

(2)　行動変容の過程でどのようなことが起こるのか
　子どもの歪み行動の変容過程をみていくと、決して順調に変容が起こってくるわけではありませんでした。ある期間を通してみると何かの働きかけや、周りのなんらかの変化によっていろいろな過程が現われ、行動に変容が起こっています。その過程で、とくに私たちが気をつけなければならない3点について説明します。

①歪み行動の変容は一直線によい方向へ変わらない
　歪み行動の変容は安定した過程を経て進むわけではありません。子どもの行動はいつも養育者の態度、家庭環境、周りの条件によって影響を受けています。一度よい方向に変わった場合でも再びもとの歪みのある状態に戻ることはたびたびあります。しかしその場合でもすべてが元の悪い状態に戻ってしまうわけではありません。状態が再び安定すれば、比較的短期間に望ましい方向へと変わります。

②歪み行動が修正される過程は、常によい方向だけに進むものではない
　歪み行動が修正される過程は、大人から見て困った行動だけが変わる過程ではありません。それほど関係があるとは思えないような行動が、しばしば問題行動と共に動いていきます。たとえば攻撃的な行動は、依存・甘えと連動することがあります。攻撃行動だけに目を向けないで、依存・甘えをうまく受けとめることが変容過程を進めることにつながるでしょう。問題をもつ子どもを広い視野から見る必要があります。

③歪み行動は常に修正しなければならない行動ではない
　攻撃性の低かった子どもの歪み行動（歪みはあるけれども攻撃性の低い子どもが

いました）が改善されていく過程で，攻撃性が高くなることがありました。これは自己主張の出来ない子どもが，つたない形で自己を主張し始めた姿でした。この攻撃行動を禁止すれば，彼には再び自分の殻にとじこもる道しか残されていないでしょう。しばらくは，攻撃による自己主張を許し，少しずつ新しい形の自己主張を学習させることが歪み行動を修正する道です。行動を修正するということは，出過ぎたところを引っ込めたり，へこんだところを引っ張りだすような簡単な仕事ではありません。人のパーソナリティは1つのまとまりであり，構造をもっています。構造は足し算や引き算で変えることは出来ません。構造を作っている要素の1つが変わるだけで，全体の構造が動揺し崩れます。それが再び体制を整え，まとまりを作るには「時」が必要です。時を経てもう一度構造が出来たとき，それは前の構造とは姿を変えています。子どもが成長し，環境条件が改善されたら素直に即，よい子になれと言うのは無理な話です。行動が変わり始めることは，それがたとえよい方向に動いているとは見えなくても，パーソナリティの構造が変容を起こし始めていることです。対人関係の歪みを修正するということがどういうことか見えてきたでしょうか。忍耐と洞察をもって子どもとともに成長したいと思います。

　さて，皆様も子どもたちの行動変容の実例を読み進めるうちに，あなたの抱えてきた関わりに歪みのある子どもたち何人かの行動変容の過程を思い浮かべていることと思います。

チェックポイント9
　あなたの抱えている子どもの行動を変えるために，どのような働きかけをすればよいか考え書きだしてみましょう。

（執筆者：発達臨床研究会　大島葉子・大野澄子・茂木真理）

4章
記録について考えましょう
―新しい記録紙への取り組み―

　保育士25人の自由記述から始まった研究も第1段階を終えました。この間私たちが常に気をつけたのは生まの子どもを落としてはいないか，ということでした。記録の言葉から出発し，資料の数を操作して何かの結果を得たときは，それが果たして生きた子どもを表現しているか，くりかえしもとの記述にたちかえり，記憶のなかの子ども像と照合しました。

　人との関わりに歪みをもつ子どもを追いかけ，歪みの構造，歪み発生のメカニズム，歪み修正の手立てを明らかにするためには，何よりも現実の子どもの情報が必要でした。日常の子どもの行動，周りとの関わり方，周囲の状況を1人ずつ正しく理解することに力を尽くしました。保育士の子どもへのさまざまな働きかけを具体的にとらえ，子どもの行動がどのように変わるか変わらないか，保育士の働きかけがどのように機能したかを確かめました。人の経験からくる知恵，努力と愛情をもってしても変えられるものと変えられないものとがあります。それを見分けるために記録の言葉をほぐし，集め，積み重ね，再び初めの素朴な自由記述を読みかえし，記録者に問いただし，

記憶を辿っては欠けているところを補いました。皆様もここまでくる過程で自分の取り上げた子どもを思いだし，あいまいな記憶にもどかしさを覚えたり，メモしておけばよかったなどと考えたのではないでしょうか。研究の出発点は豊かな記録にあり，結果を確かめる終着点もまた記録でした。現場で役に立つ法則を導き出すためには，多くの情報を網羅した記録紙を作ることが何よりも大事であることを確信しました。

　これまで保育現場で使われていた日誌，児童票などの記録はどんな意味をもっていたのでしょうか。ここでそれを見てみましょう。

1．自分の保育を知るために
　保育士は，子どもの健やかな発達を願って Plan（計画，打ち合わせ）→ Do（保育，実践）→ See（記録，反省）を行っています。自分の働きかけはそれに沿ったものだったろうか，注目の仕方，受け止め方などはどうか，自らの行動が子どもに及ぼした効果，影響をふりかえって確かめるものが記録でした。

2．人の保育を知るために
　人の記録を読むことで，子どもを見る自分の目の確かさ，不確かさに気づくことがあります。見落としていた子どもの姿を知り，自分の保育と向き合うためのもの，たとえば次のような傾向を見つけるために有効でした。
・見る人によっては何でもない子どもの行動をひとつひとつ気にする傾向。
・人が放ってはおけないと心に止める行動を，子どもの個性だからと見過ごす傾向。
・ある視点，たとえば乱暴な行動に目を向けるとそれに固執して，全体のバランスを見ることを欠く傾向。
・その子なりの行動，成長だけを見て納得し，他と比べることをしない傾向。

3．子どもの情報を広く集めるために
　保育室，ホール，園庭，などその居場所によって，また，1人でいるとき，友だちといるとき，集団でいるときなど，仲間の有り無しによって子どもの行動は違います。保育士と子ども，養育者と子どもとでは関わり方は違いますし，保育士と養育者が話しているそばにいるだけで態度の変わる子もいます。日常くりひろげられる多様な場面での子どもの姿が何人かの保育士に記録されると，文字を通して多くの情報が集まりますし，保育士同士同じ情報をもつことができました。

これまでの記録は上のような意味，目的をもっていました。しかし関わりに歪みのある子どもを見つめ，探ることにより，いくつかの要因やそれらを起こす仕組みが明らかになってきた今，それらをふまえて子どもの姿，保育士の関わり方や働きかけ，それによってもたらされた子どもと周りの人々の変容，ときには環境までが変化する様子を客観的に記録する記録紙が必要になりました。

岡の求めた人をこぼさぬ資料収集を目指して，保育士は自分の立場で使いやすいものを，また研究者は，研究資料としても耐えうるような記録紙をその妥当性や利便性などを確かめたうえで*考案しました。現場の保育士と研究者が一体となって努力を重ね，循環をくり返し，この研究の集大成としての記録紙を作ったのです。これは単に子どもの状況や行動の結果の平面的な記録ではなく，子どもの変化の過程をとらえるための記録紙です。

保育に科学の目を入れましょう。そのスタートは観察にあります。子どもの歪み行動が保育士の目にとまったとき，保育士はその子を意識して自分の視野のなかに入れ，直接的，あるいは間接的に改善するための方途を探り，子どもとその周辺に働きかけるでしょう。

一方子どもにはその子特有の身体的・心理的・生育史的傾向があり，ある家庭，ある家族を心に背負って登園し，同じ年頃の子ども集団のなかで時を過ごします。その子を見る保育士の目が変わったことや，周辺のものにも働きかけた保育士の配慮，または子ども自身の成長などが子どもの関わり方を刺激します。どこかが，なにかが変わったことを，熟練した保育士は見逃さず，新しい子ども像を描きます。自分の与えた働きかけを振り返り，効果を確かめながら新たな働きかけを考えるでしょう。

変化がその子1人に起きることも，その子の1つの側面だけで起きることも稀です。1つの変化に連動して動いていくものに注意を向け，周りの力をうまく組み合わせ，あるいは子どもの変化の意味をよく考えて，変化が子どもの新しい，よりよい関わり方につながるための手立てを工夫してください。保育士の新たな働きかけはさらにまた子どもの次なる変容を導きます。

大事なことは常に観察することです。これまで見てきた要因同士の複雑な絡み合いを思い出し，1つの要因を短絡的に1つの結果と結びつけることなく，子どもの行動をいろいろな側面から観察しましょう。変化の方向を安易に評価，批判することなく，子どもの背後にある力も考えながら，気づいたことを確認し，次の手立てを考え，予想を立てましょう。そして大事なことは，それらすべてを記録することです。記録は

＊茂木他　2000「幼児の歪み行動に関する評価(3)―外国人園児の場合―」『日本教育心理学会総会発表論文集』

忘れないためのメモではありません。記録によって観察の視点が広がり，働きかけ，その効果，変化が確かなものとして実感され，深い観察へと導かれるのです。記録は考える材料を与え，考えるすじ道をつけてくれます。観察し，変化に気づき，立ち止まって工夫し，また観察し，気づき，ということを繰り返し，行きつ戻りつしながら歪み行動は修正されていくのです。

4-1 新しく考案された記録紙 (巻末に挿入したものをご利用下さい)

フェイスシート

ケースNo.：	記録時年齢：
幼児名：	記録月日：
生年月日：	記録者：

1．環境： 1-1家庭環境 　家族構成　主たる養育者（　　　　） 　＊同居家族	2．生育歴： 2-1妊娠から周産期まで 　①妊娠中の母親の状態 　　正常・異常（　　　　　　） 　②出生時の母の状態 　　正常・異常（　　　　　　） 　③出生時の子の状態 　　在胎期間　　　（　　　）週 　　出生時体重　　（　　　）g 　　未熟児　　　　はい・いいえ 　　仮死状態　　　はい・いいえ 　　保育器の使用　有（　日）・無 　④　授乳：　　母乳　・　人工乳　・　混合乳

続柄	年齢	国籍	職業・学校等

＊父母や養育者等の状況

	健康	性格	子どもとの接触時間	
			平日	休日
父				
母				

2-2保育園入園日（　歳　カ月）までの養育状況
　　子どもの世話をしていた人：主に＿＿＿＿＿
　　養育していた場所：自宅・祖父母の家・
　　　　　　　　　　　施設保育・その他

1-2住環境 　①住宅：団地・マンション（　階）・一戸建 　　　　店舗兼・工場兼・寮 　②地域：住宅街・新興住宅地・商店街・工場 　　　　地域・農業地区・漁業地区・その他 　③周辺環境：交通量（多・並・少） 　　　　　　大気の状態（良・可・不可） 　　　　　　日照（良・可・不可）	2-3子どもの体質 　病弱　　　　　はい（　　　　　）・いいえ 　アレルギー　　アトピー性皮膚炎・ぜんそく 　吐きやすい　　はい・ときどき・いいえ 2-4生活習慣 　①食事　（よく食べる・小食・偏食・遊び食い） 　②睡眠　（よく寝る・寝つきが悪い・眠りが浅

```
                    近隣の遊び場，公園（有・無）          い）
                    日常生活の利便性              ③排泄　問題無し・問題有（              ）
                              （良・可・不可）
1-3 養育環境：育児を援助してくれる人がいますか  2-5 子育てについて
    保育時間　午前　　時　　分～午後　　時　　分    ①可愛いと思う点，好きな点はどんなところ
①育児を手伝ってくれる人が日常的にいる            ですか。
    いる（              ）・いない              ②どんなことを期待しますか。
②育児に干渉する人が身近にいる                   ③不安を感じるところ，気になるところはど
    いる（              ）・いない                 んなところですか。
③緊急時に手助けしてくれる人がいる              ④育てるのに手がかかるお子さんでしたか。
    いる　・　いない                               はい　・　いいえ
④援助の申し出があったとき頼む                   ⑤人見知りをしましたか。
    頼む　・　頼まない                              はい　・　いいえ
```

特記事項	

保育記録

ケースNo.		記録者		記録日　年　月　日	
幼児名		記録時の年齢			
(1)観察の視点 歪みがみられる点に○印をつける	関わり 遊び・人・物	生活習慣 睡眠・食事・排泄・清潔・しつけ	発育・発達・健康 身体・言語 情緒・社会性	家庭環境 住環境	その他
	a.子供の状態		b.親子関係 養育者の養育態度	c.家庭環境 住環境	
(2)問題発見時の状況	問題点：何との関わりに関して，どのような時に関わりに歪みがあると感じましたか。 全体の状態像：				

	a.当該園児へ	b.周囲の子どもへ	c.養育者へ	d.物理的側面へ
(3)保育士の働きかけ				
	a.当該園児の関わり行動の変化	b.周囲の子どもの対応の変化	c.養育者の養育態度の変化	d.物理的環境の変化
(4)経過後の状態				
(5)保育について	可愛いと思うところ： 期待するところ： 不安を感じるところ： その他：			

4-2　記入上の注意

記録紙「フェイスシート」および「保育記録」の項目の内容および記入方法について次に記します。

(1)　フェイスシート
どんな子か，子どもの顔を見分けるものです。

《環境》

項目	
家族構成・主たる養育者	家族構成の中で，主たる養育者のおかれている状況，背景を知ることは，家庭生活，家族関係を知る手がかりとなります。

父母の個人情報	離婚等で，同居，別居，など生活様式も種々あるので一概に父母に関する個人情報の記入ができない場合もあります。その場合は父母に代わる主たる養育者の情報ということになるでしょう。
住宅	住まいにより，生活様式や活動，近隣との関係などを知ることができます。
周辺環境	地域との関わり，人との関わり，社会性を身につける機会があるかどうかなど，ある程度わかります。
育児の支援者について	親が子育てに対して，他の人との関わりをどのようにもっているかが分かります。 親が精神的にゆとりをもてる状況か，あるいはぎりぎりのところにいるか知ることができます。

《生育歴》

妊娠から出産まで	子どもの健康状態や，発達状態を把握することができます。 また，親の心配していることや気にかけていることが見えてくるでしょう。
体質	
生活習慣	
子育てについて	親の子どもに対する思いは，保育をするうえでも配慮事項となります。
特記事項	家庭での子どもの処遇について，外国籍の場合の言語などの問題について，家事能力・育児能力について，などを記載します。

(2) 保育記録

　保育士の担当している子ども，とくに気になる子どもの保育経過の記録です。まず，子どもを多角的にとらえるため，歪みの見られる点の項目をチェックし，その子どもの問題点をはっきりさせます。それから，子どもの現在の状態，保育のなかでの保育士の働きかけとその結果，保育士の子どもへの態度などを記入してください。いろいろな条件が絡み合って関わりの歪みは起こります。絡み合い方は1人1人違いますからどのように働きかければうまくいくか，1人1人違います。また原因がわかってもそれを取り除けない事情があることも多いでしょう。その子の条件のうち何が一番動かしやすいものか，手探りで，あるいは過去の経験と照らし合わせて保育士は働きかけていると思います。その1つ1つを具体的に書いて下さい。何かが少し動いただけで全体が大きく変わることもあります。記入の過程で，自分自身の保育，子どもの成長，親の変化に気づくと思います。

歪みが見られる点	該当する項目に印をつけ，問題点を明確にする手だてとしてください。その上で，以下の項目に記入していきます。
問題発見時の状況	問題を感じた点，印象をまず思い浮かべ，「おや？」「あらっ？」という感覚を大切に，それを具体的に書きます。
保育士の働きかけ・働きかけによる変化	子どもと親（養育者）の様子を具体的な行為や行動で記載します。もちろん保育士の働きかけについても，いつ・だれに・どういうふうにと具体的に記します。
物理的環境の変化	転居，父母の離婚・再婚・別居，失職などの物理的変化を記します。これらは，子どもの心に大きな影響を与える可能性が高いのでしっかり把握します。
保育について	あなた自身が子どもと面と向かってみてください。 あなたの子どもに対する感情，評価，そして保育姿勢がみえてきます。この項を記入することで，今後の保育のヒントが得られるでしょう。

　長い紙面を使って歪みのある子どもを掘り起こし，その歪みがどこにあるかを考え，子どもを取り巻く環境を吟味して，保育士の働きかけに工夫をこらし，時の経過を経てそれがどのように変わっていくかをみてきました。この間，1つ1つの問題，要因を別個に考えることを避け，その1つをも取りこぼすことなく，いろいろな方面から複眼的に分析する努力をしてきました。

　読者の皆様も私たちの後をたどって作業し，チェックをくりかえしながらここまできましたが，この間にあなたの観察眼が少しずつ深まってきたことがお分かりになりますか。意識して観察の視野を広げ，さまざまな環境のなかで成長発達を遂げつつ変化する子どもの姿を記録に取りましょう。それがあなたの保育の力量を育て，子どもの先を見越しての働きかけにつながるでしょう。記録にあたっては巻末に挿入された記録紙を利用してください。ここにはこれまでの過程がすべて凝縮した形ではいっています。

　できあがった記録紙に記入すればすむものを，どうしてここまで手間暇かけて作業とチェックをくりかえしてきたのか，無駄な努力をしてしまった，と考える人がいるかもしれません。いいえ，そうではないのです。子どもを理解するために観察の枠組みを工夫し，拾い上げた子どものずれの大きさや質を検討し，行動を変えるための働

きかけを考えるというこれまで通ってきた過程があるからこそ記録紙を活用できるのです。今まで通ってきた通過点がすべてこの記録紙にはいっています。記録紙に使われている言葉の重みを理解して，見落とすことなくこれに書きこみ，書かれたものの意味付けができるのは，これまでの努力があったからにほかなりません。すべての項目を一様に満遍なく書きこめばそれでよしとするものではありません。その子どもにとって必要なものに重点をおいて書いてください。こうして子どもの問題点を洗いだすと，そこからどんな働きかけができるか考えられるでしょう。保育士がいつ，誰に，どのように働きかけたか，その結果どのような変化が起きたか，この記録紙から読みとれます。こうしたくり返しが子どもの行動を修正していきます。日常の保育のなかに科学的，分析的な目をいれましょう。ここまで読み進んだ読者によってこの記録紙が活かされることを期待しています。

　皆様はここまでいろいろの作業とチェックを重ねましたが，最後にそのあとをふりかえり，何をしてきたかもう1度確認しましょう。初めのチェックは比較的単純な作業でしたが，それを重ねるにつれて作業の主体が皆様の方に移っているのがお分かりになると思います。

（執筆者： 発達臨床研究会　大島葉子・大野澄子・茂木真理
　　　　　保育士心の発達研究会　赤松かの子・伊藤桃子・武田律子）

表6 チェックポイント一覧表

チェックポイント	内　　容
1 (p.147)	対人関係に歪みのあると思われる子ども（気になる子ども）の問題がどこにあるかを探るための質問紙（以下，質問紙1）に，あなたが気になる子どもについて記入したのち，点数化し，関わりのパターンを描いたあと，それが歪み群，ノン歪み群のどちらに近いパターンであるかを判定しました。日頃身近にいてよく知っているはずの子どもを違った目で見ていることに気がついたことと思います。
2 (p.151)	質問紙1の11行動項目ごとの分布図（図3-1〜図3-11）に，あなたの気になる子どもの得点をプロットしました。同じ歪み群であっても，子どもによってそれぞれの項目で得点に差があることが分かったでしょう。得点に幅がある項目に「保育士に対する依存・甘え」がありますが，これが意味のある項目であることは後の分析で分かります。
3 (p.153)	あなたの気になる子どもが，質問紙1，「情緒安定点」と「衝動統制」点の組み合わせで分けた4群の，どの群に入るかを判定しました。情緒なら情緒という1つの側面のみから子どもを判断するのではなく，複数項目間の連携から見る必要があることが分かりました。情緒が安定していれば安心というものではありません。
4 (p.158)	「情緒安定」点と「衝動統制」点の組み合わせでできた4群に，さらに「保育士に対する依存・甘え」得点の関係を連携させ，複雑な関係が浮かび上がってくるのをみました。個々の項目が単独で子どもに影響するのではなく，複数の項目が複合的にからみあって作用することがはっきりしてきたのです。
5 (p.164)	あなたの気になる子どもの養育者の養育態度について質問紙に回答し，その結果を私たちのデータと比較することで，養育態度が歪み型，ノン歪み型，あるいは育児放棄型かをみました。
6 (p.166)	子どもを取り巻くさまざまな環境の中でも家庭環境は大きな影響を与えます。あなたの気になる子どもが，その中でも問題を生みやすいと考えられる要因について問題があるかどうかをみました。問題があると思われる環境でも，ある場合はプラスに，ある場合はマイナスに働くことが私たちの研究で明らかになっています。先入観を入れずに，どの問題を変えられるかを考えるきっかけにしましょう。
7 (p.167)	あなたが，問題としている子どもの母親に対して，どのようなイメージをもっているかを調べました。子どもを取り巻く人間関係は子どもに影響を与えますが，保育士と母親の関係も子どもの歪みを修正するうえで大きな意味をもちます。あなた自身が変わることで母親をよい方向へ導くこともできるのです。
8 (p.169)	子育てについての母親や家族の感情は，子どもの側の問題だけではなく，養育する側のさまざまな要因にも左右されます。そこで，あなたの気になる子どもの母親がどのような気持ちで育児をしているか，また，その母親への保育専門家としてのあなたのアドバイスを考えました。
9 (p.183)	さまざまな側面からあなたの気になる子どもについて考えてきた上で，この子どもの歪み行動を変えていくために，どのような働きかけがよいかをまとめました。子どもを一面からとらえるのではなく，また，先入観や既成概念にとらわれずに有機的に子どもをみていくことを学んだと思います。

おわりに
十余年にわたる研究に参加して

　最近社会で起こるさまざまな出来事を見ると，あきらかに何かが大きく変わっているのを感じ，そのことをただ時の流れと黙殺することはできません。激しく，早く変わっていく社会のなかで家庭は，子どもたちは，親は，保育園は，前はどうだった，そして今はと，この研究を通して現場でとらえた生まの感触を過日みんなで語り合い，それにそって文章にしてみました。

1．保育制度上の変化
　保育園の歴史を見ていきますと，戦前の託児所，太平洋戦争中の疎開保育，戦後の浮浪児の救済，失業対策事業に携わる母親の子どもの保育，保育園の数が圧倒的に足りなかった頃の公園などで行った野外保育など，いつの時代も社会の動きに速やかに連動し，母親が安心して働けるよう，その間子どもが楽しく過ごし健やかに育つようにと保育にあたってきたことがわかります。
　昭和22年12月12日に制定され，翌23年4月1日より完全施行された児童福祉法

は，戦争で焼け野原になり，何となくすさんでいた心がパッと明るくなったように，子どものための法律として，画期的なものでした。施行より半世紀を経て，社会のニーズ，家庭の状況等大きく変わり，そのつど小さな改正がくり返されてきました。平成9年には，入所の際の措置ということがなくなり親の希望するところに申し込めるようになりましたし，平成11年度からは保母という名称が保育士となりました。

　以前は保育計画を考える際も，まず子どもの心身両面に対する配慮から中心部分を定め，後はそれぞれの父母の勤務時間等にあわせて預かってきましたが，現行の11時間という保育体制になると，個々の子どもにとってどういう環境が望ましいのか，年齢が幼ければ幼いだけじっくり考える必要がでてきます。前日出かけていて疲労していないだろうか，食事はとってきたのかなど，各家庭との連携がより大事な問題になります。全体の流れにそった保育の工夫をしながら，同時にこれら個々の事情を考えていくわけで，とても大変な，また大事な仕事です。それにつけても，保育士自身の子どもは早番の時どうするのだろう，遅番の時は……などいろいろ悩みがありますね，その辺もどうすればいいか自分たちの長年の思いこみとか，考えを少し変えてみると良い知恵が浮かぶかもしれません。休みをとってでも自分のための時間を作り，ゆとりある心で保育に向かうのはどうでしょう。それに対してうしろめたさを感じることはないのです。この間新聞で，乳幼児を預かる施設での虐待の記事を読み，心がとても痛みました。疲労がたまってきても明日に持ち越せない仕事です。そのしわよせや，いらだちが絶対子どもにいかないように，働く者の精神状態を常にフレッシュにしていくにはどうしたらよいか，これから真剣に考えなければならない大きな課題だと思います。

2．今，子どもたちは

　話し合いの中で次のような2つのことを聞きました。

　　［その1］ある保育園で公園に散歩にいった。ベンチに男の人が寝ていた。寝ているそばに眼鏡を置いていた。子どもがいたずら心からその眼鏡を取ってきて離れたところに棄ててしまった。後でそのおじさんが起きあがり，眼鏡がないのに気づき探し始めたとき，子どもたちに「おじちゃん，Aチャンだよ，あそこにあるよ」と教えられ，やっとそれを見つけた。

　　［その2］4歳のある子どもが内装したてのきれいになった園舎の階段に，マジックでいっぱい描きまくった。

　私たちはこれらの話を聞いたとき，かつて若者たちが横浜で寝ていた男の人の眼鏡をこわしたり，ぶったりけったりした事件とか，また街で新築の家にいたずらがきを

しているのを見たこととかをすぐ思い出し，その結果だけを見て厳しく叱らなければと思いがちですが，幼児期の体験が即そのようなことに結びつくものではないように思います。日頃のその子の状態や環境を考え，このようなときは強く叱ったり，あるいは親に報告して動転させたりするより，この後の子どもたちとの話し合い，親への説明の仕方など，修復の仕方を工夫することが大切でしょう。人間には心が屈折して素直に間違いを受け入れられない時期もあれば，すんなり態度を改め受け入れられるときもあるように思います。子どもの状態，周囲の状況などを考え，適切な時期と，適切な方法を考えましょう。

　ところで先日，虐待についてのシンポジウムを聞く機会がありました。そのなかで1人のシンポジストの方が中学生の保育体験について語られました。その話を聞いて，私はかつて保育園で受け入れていた中学生の保育実習を改めて考えました。当初中学生の実習ならば，自分たちが一緒に遊べて，言葉が通じ合う4～5歳児を受け持ちたいだろうと予測しておりました。しかし彼らは私の予測をくつがえし，むしろ手のかかる0歳児のクラスに入りたがったのです。どうしてと聞いたところ，大きい子は動きまわるから疲れるしね，と，現代っ子らしい返事が返ってきたのですが，どうもそれだけではないように思いました。兄妹が少ない現代では，赤ちゃんに触れる機会がないわけで，その意味からもたとえ短時間であれ，赤ちゃんと接したいという期待をもつようでした。この時期（中学時代）の保育体験は保育園が通常受け入れている短大とか，大学の保育実習とはまったく異なっていることが，次のような実習後の感想文を読むとよくわかります。

　　［その1］とくに感動したことは，会って間もないというのに子どもたちから手をつないでくれたこと，涙が出るほど嬉しかった。まだ一言も話していないのに。この感動は言葉には出来ないくらいの何ともいえないものだった。…あえて言えば，初めて子どもを生んだときのお母さんの喜び…（あくまで想像ですが）と思われるくらいのうれしさだった。またきっと私の父や母も私をこのような気持ちで大切に育ててくれたに違いないと思った。今，私が園児と接して感動するのは，私もそのように育てられてきたからだと思ったからだ。この時期にこのような素晴らしい体験が出来て本当によかったと思う。

　　［その2］2回の実習で母も私が幼児のとき，あれこれ悩み苦労しながら私の世話をしてくれたと思うと感謝の気持ちで一杯になりました。

　　［その3］とにかく大変だった。半分の子どもが泣いているし，ちょっと遊んだだけであきてしまうし，やはりあやしかたが下手だったのかと思う。僕の母も保母だったので毎日こんなことをしていて大変だったろうなあと思った。

日常の授業の中で親の愛情について述べたところでこのような言葉になって戻ってくることはないでしょう。この時期は気持ちのとても揺らぐときであり，ナイーブに受け入れたり屈折したりしながら，人生を乗り切る力をたくわえるときであろうかと思います。

現代の若者は生活のなかでうまくいかない，思うようにならない場面と向き合うことを避け，親からも体験しないように守られていると思います。頭の上だけの勉強では，我慢ができず困難なことにぶつかったときの根気もなく，状況に合わせた応用もききません。そしてそのはけ口を物や人にあたることに求めているのかもしれません。このような2日間の保育体験は，思いつきでされるのではなく，中3の家庭科年間カリキュラムに細かく組みこまれているのです。子どもの心や身体はどのように変化していくのだろう，食物は，衣服は，などの勉強を経たのちに最後の仕上げとして実習があります。友だちとグループわけをし，おもちゃを作り，年齢を考えた遊びと遊ばせ方，そして何よりも保育の際，気をつけることは何かということを学んでから実習にくるのです。意気込みが違います。お兄ちゃん，お姉ちゃんと後を追われ，可愛いくて帰れない中学生，彼らはこの体験で何か大きく成長するものがあるように思います。

ではこのあたりでもう少し子どもの発達に大きく関係する環境について考えてみましょう。

・遊び場がなくなった

この間東京下町の奥まった静かな路地で，道いっぱいにローセキで絵を描きその上を跳び回っている幼い兄妹を見たとき，思わずカメラのシャッターを切っていました。こんな光景を見たのは何十年ぶりでしょうか，昔は地面が子どもの遊び場でした。地面に何を書こうが，跳びまわろうが，邪魔にする大人はいなかったように思います。育つ子どもに寛容でした。だから外遊びが主であったし，玩具といっても，路地裏の駄菓子屋で買うメンコとかベーゴマ，お縁日で買うぬりえ，着せ替えぐらいでしたが，遊びはそれこそどこででもできました。メンコも負ければ取られる，遊び相手も常連のようなものはいるが，飛び入りしてもどうということはなく，大きい子から小さい子まで混じり合っていました。年齢差のある不特定多数の友だちは子どもたちの心の発達にどんな作用をもたらしていたのでしょう。最近の子どもは家の中で遊ぶようになっています。TVゲームの普及が大きいのでしょう。ある画面と向き合って上手，下手の違いはあってもしょせんプログラムに組み込まれたもので遊ぶのと，生きている子どもを相手に次々と場面が変わるなかで遊ぶのとでは，その子どもの受けるもの，

育っていくものが違ってくるのは当然です。

・親が子どもに用事を頼まなくなった

　以前は子どもの用事がけっこうありました。店も個々別々ですからいちいち買いに行かなければなりません。廊下を拭く，家の前を掃く，という個人の家の仕事から，町中揃っての大掃除，蠅取り，ネズミ退治など四季を通じての仕事が，子どもにも，結構かせられていました。今は子どもの数が少ないと親はその子に期待して，また大事に育てようと思うのか，あまり仕事を頼まなくなったように思います。もっとも，電化されて洗濯も，食事も，掃除も，子どもに頼まなくてもすんでしまうのでしょう。

　お使いもスーパーですべてそろって便利です。でも個別の店にはそれなりに価値がありました。たとえば豆腐屋さん，母親から味噌汁ね，といわれれば，子どもながら賽の目に切ってねと言ったり，おじさんの手元を見つめ，あんなに大きいお豆腐を一度切ってみたいなあと思ったり，料理によって切り方が違うこともわかったし，そうっとしないと壊れてしまうことだって学ぶでしょう，今は何かと未経験のことが多すぎるようです。小さいときの働く体験は成人になってからの生きる自信につながるように思います。

・兄妹のもつ役割は大きい

　この間さそわれて久しぶりに汐干狩りにいきました。同行した仲間は若いご夫婦，ご主人の友人，若いおばあちゃん等の一行でした。子どもは小3（女），小1（女）4歳（男）2歳（女）の4人兄妹。道中自動車が混み合って，目的地に着くのに6時間もかかり，やっと着いたとき，もう今日はおしまいといわれてしまいました。大人はいいとして何日も前から楽しみにしていた子どもはとても納得しないし，あまりに可哀いそうです。少しの時間，砂にさわるだけでもいいのです，入れて下さいと頼んでやっと入れてもらいました。束の間の貝掘りです。誰かが貝を取りすぎたのか，大きい貝だけより分けて，小さい貝を残していったという，私たちにとっては理想的な漁場を見つけました。何としても子どもたちに貝掘りの楽しみを短時間で与えるにはこうするしかありません。見ていると1人が貝の元締めのようにみんなが取ってくるのを集める。ある程度たまるとお姉ちゃんに渡す。お姉ちゃんがざるで洗う。その光景は見ていて，とても楽しいものでした。結局30分ほどですぐ帰ることになったのですが，やがて帰りの人混みの中，妹がいないと言ってお姉ちゃんたちが探し始めました。目先数十歩のところで母親が手を引いていたのですが，それが分かるまでの彼女たちは真剣そのものでした。このようななかで，まして母もいるし，祖母もいるなかで，

子どもたちが妹を気遣う態度がなんとも素晴らしく感じられたのです。見つけなさいと言われたわけではなく、また年中仲が良いわけでもないでしょう。しかし他人とは何か違う、やはり兄妹だな…という印象でした。でも兄妹のよさをここでことさら強調しても、現実では、1人っ子が多いわけです。幸い保育園には各年齢の子どもたちがそろっています。いつも同年齢でクラスを考えるのでなく、小さい子を入れたりして、生活に、遊びに、積極的に混ざり合う機会を多くするなど工夫してみたらどうでしょう。

・外国籍の子どもたちが増えた

　最近は外国に行ったりまた来たりが頻繁でとりたてて問題にする必要もないくらいです。しかし数日の観光旅行と、そこに住んだり、働くのとでは、言葉の問題、生活習慣の違い等その重みはひどく違っていて、慣れるまでの配慮が必要です。最近は役所でも区報とか便利帳など、英語、韓国語、などそれぞれの地域の実情に合わせ、日本語以外のものをだしているところがたくさんあります。保育園でもいろいろの国の子どもたちが入っていますが、一番困るのは入園のときでしょうか、子どもたちは、言葉など通じないでも、すぐに遊びます。かえって大人の方が、とまどったりするのかもしれません。園だより、遠足のお知らせなど、すぐに読めない場合もあります。そのようなとき、大筋でも親切に説明してあげましょう。以前ある園の遠足で、昼御飯のお弁当を開けたら大きな餃子が5つ入っていただけだったと聞き、生活習慣の違いを考える際の材料にさせてもらったことがありました。私たちは遠足というと、お弁当、おにぎりとかいう図式が頭の中にありすぎないでしょうか。また懇談会でも要旨を長々と書き、配ったとしても、なかにはまったく日本語が読めない方もいるのです。理解出来ない内容ではもらったほうもとまどうばかりです。

・心身が不自由な子どもを受け入れる

　心身に障害をもつ子どもたちの保育園への受け入れは、自治体で多少の違いはありますが、今ではごく普通のことになっていると思います。東京都が障害児研究指定園を設けたときから25年もの年月がたっています。「最近自分の子どもの障害について心配しない親が増えている、施設に頼るというか、安心しきっているというのか、すべて任せるという感じがある。だから必要な心くばりとか、事の重大さをどのように伝えたらよいかと思う…」というような話しを先日ある身障センターにお勤めの方から聞きました。さまざまな障害のあるお子さんと、また付き添ってみえるお母さんと終日接していると、最近の傾向としてそのように感じられる場合もあるのかもしれま

せん。しかし，親としてまったく人任せで，内心心配をしていないという人は，皆無に近いでしょう。一度は親子で死を考えたという人が多いのです。施設に頼ることは，よい意味で専門性にすがるということで，これは保育園についても最近はその傾向があると思います。わが子ながら，どうしたらよいのかわからない，助けてほしいという気持ではないかと思います。本当に苦しいとき，その人が求めるものは専門の人の適切な助言と，同年齢の子どもたちとのふれあいのような気がします。私たちに課せられたものは根底でこのような気持ちを常にもって親と接し，親をはげまし，一緒に頑張って生きていこうねというやさしい人間関係づくりではないのでしょうか。これら障害についての相談は自分たちのネットワークを駆使して，適切で，親切な助言をしたいものです。

　この項に類することで2つほど街の中で見た光景を書いてみましょう。

　［その1］先日ある子育て相談室に用事で行ったとき，ちょうど子どもたちとお母さんが帰った後で数人の職員が教材を作っていました。そこにB君（小5，自閉症）が突然入ってきたのです。母が彼の弟を保育園に迎えに行く間，彼は毎日当然のように大きな体に不似合いなくらいの小声で何か言いながら入ってくるそうです。来ればまず大きなコップ一杯の水を飲みます。必ず同じ歌と歌に合わせた遊戯をするのですが，順序も同じでなければならないし，そこにいる職員みんなでやらないと気に入らないのです。彼はその日，体調が朝から悪かったようで，何回もドボッというほど吐きつづけていました。「大きな栗の木の下で…」「糸を巻き巻き…」「トントントン，ひげじいさん…」「一本橋…」「手をたたきましょ…」その間1つの歌が終わるごとに彼は吐いていました。職員の方は大変で，机の上，下，そこら一面彼の吐いたものを，それティッシュ，それ雑巾だといって拭いてまわる。吐きながらも歌う。なんとも壮絶な光景でした。やがてお母さんが弟を連れてくると，彼は律儀に例の早口の小声で「アリガトウ」といって帰っていきました。後には物のすえたような匂いが充満していましたが，嫌なこと1つ言わず小声で「トントントントン…」と歌いながら掃除をしている人たちの姿に何か心うたれるものがありました。

　［その2］ある歯医者さんの先生と優しい奥様の話しです。ここにも最近自閉症のC君が来るのですが，何回か来るうちにやっとあの治療用の椅子に座れるようになったそうです。でも依然として口は開けないため，治療など先の先とのこと。お母さんもそれでよいと思っているようです。そして帰るときは治療用の脱脂綿を玄関にまくのがおきまりのコースです。障害をもった子どもたちの統合保育が始まって約四半世紀たつのですが，街には自閉症の子のもつ特性を理解して，このように

関わってくれている人たちがいるということが，とても嬉しいことです。一年中つらいことが一杯のお母さんもわが子を理解してくれる人との出会いがどんなに嬉しいことでしょう。お母さんの気持ちを支え，受容することが，お母さんの子どもに対する気持ちを広くして，子どもの関わりをよくすることもあるのです。

3．今，家庭は

　家族形態は今，どんなでしょうか。2世帯住宅とか，お年寄りの介護などを考えて住宅の設計も多少変化し始めていますが，まだそれはほんの一部のように思えます。あらかたは核家族でしょうか。また都市に多い高層住宅，都営の団地なども必要以外はすべてピチッと扉が閉ざされていますから，その中でどんな生活が展開されているのかうかがい知ることはできません。十数階に住む乳幼児ですと，お使いに連れていくのが大変と，高層住宅では無人の家の中に1人寝かされたままということも多く，日常的に人との関わりが少ないだけでなく，ときに火事，地震の際に助け出せないこともあるようです。以前東京の下町で，隣近所に誰が住んでいるのかぱっと分かるような町が，再開発がなされたとき，林立する住宅のどこに誰が住んでいるのか，皆目分からなくなったということがありました。また10年ほど前からは，マンションに訪ねるのにもカードが必要とか，一概に多種多様な東京の住宅について言いきることは出来ませんが，以前と比べるとこのような変化が多いのも事実でしょう。

　このようななかで赤ちゃんが生まれ育っていきます。特に1歳未満の時期など子どもが元気なときはいいとして，熱が出た，吐いた，夜寝ないで泣き続けている，そのため母親も寝ていない，というようなことが重なると，どうしよう，大丈夫？　と誰しも不安になります。以前はこのようなとき，身近に祖母，叔父，叔母，近隣の人々がいてその人たちの知恵とか，手助けが結構あったのですが，今は少なくなりました。病気のときはもちろんのこと，年を追って，歩く，話す，遊ぶといった発達に関する悩みもでてきます。よりよい関わりを目指してということで，日頃現場で見聞きしていることを中心に書いてきましたが，この本の主題である歪みについて，3人のお子さんと共にご苦労なさったFさんの手記を載せさせていただき，そのことに少しでも関わった者として，気持ちを添えたいと思います。

　「私は長い間，勤務していた職場を3人目の子どもの出産を機に子育てに専念しようと退職しました。男の子3人，それは大変な子育てです。
　子は親の鏡であるとは，よく言ったものです。目は外に向いているので，何でどうして，そんなことをするのかと，息子たちの悪いところばかり目について，正そう，

正そうとやっきになった時期がありました。仕事をやめて子どもたちと接する時間がながくなったからでしょうか，けれども冷静になって考えてみると私のやっていることと同じで私とそっくりなのです。息子のことを，とやかく言える私ではないと反省するのです。実は長男は，わからないこと，苦手なことを後まわしにするくせがあり，それを忘れ，どたんばになって大あわてでドタバタとまわりを巻き込んでしまいます。4年ほど前，私はそんな長男の心のくせに気づかずに，算数の勉強をみてあげても，話を聞いてくれず時間ばっかりかかるだけで，ちっとも考えようとしない姿に，不満だらけでした。

　ところが思わぬ落とし穴がありました。長男に勉強を強要すればするほど，弟たちに八つ当りをしていたのです。とくにすぐ下の弟は，わけもわからず八つ当りしてくる兄に，どんどん心を閉ざしていったのです。人間は，嫌なことがあると不安を解消するためにいろいろな行動をおこします。長男は弟たちに八つ当り，次男は，しつこく笑って，人の嫌がることをしたり，三男は物に当ったりします。私は，そのことがずっと分からなくて，『自分がされて嫌なことはするんじゃない』と行為のみを責めてしまい，何でそうせざるを得なかったのかということには気がまわりませんでした。子どもは親の言うようには育たないが，親のするように育つと言われます。私がありのままを受け入れ，子どもたちの見せてくれることを自分の姿であると反省して生活を改めていくうちに，長男の八つ当りがなくなり修羅場のようだった我が家におだやかな日々が訪れるようになりました。子育てとは，ありのままを心から喜ぶことができるような親自身の器を作っていくことなのかなあと思います。そして当り前にできることにもっともっと感謝していきたいと思います。私は，大変でも，自分の仕事をもち，子育てをして，生き生き生活する素晴らしさを知っています。けれど長い人生のなか，一時期仕事を離れ，子どもと向き合い共に育つ期間があってもいい。そうしたからこそ，今の私があるのかもしれないと思っています。」

　Fさんは相当長い間悩み続けました。3人の男の子がそれぞれに見せる行動にどうしたらよいのか悩みました。その悩みのなかで，子どものして見せることは，親を写す鏡であると思われ，ご自分を変えていかれたのです。子どもたちは徐々に，でも明らかに変わっていきました。あるときは何かにつかれたように1日に200枚も絵を描くAくん，でも彼は通っている園ではみんなと何かをしようという気はありませんでした。そんなあるとき，卒園前のお別れ会でのこと，受け持ちの先生はAくんが絵が好きなので思いついたのでしょう，OHPでAくんが描いた絵を写して，彼に好きなようにお話ししてご覧と言ってみました。ライオンが写ると「ライオンがきました」

ゴリラがうつると「ゴリラもきました」いつもは何も一緒にしないAくんですが、その絵とお話に、並んで見ていた友だちもお父さん、お母さんたちも先生も、もちろんAくんのお父さん、お母さんもびっくりして手を叩きました。そのときのAくんの心の中を見ることは出来ませんが、みんなの目とか、拍手とかが、彼を少し変えたようでした。その次の合奏には誰も何も言わないのにAくんは列に並んでみんなと同じようにハンドカスタを打っていました。今まで一度もやらなかったことでした。何かが変わるときはこのようなきっかけが大事なのです。それと受け持ちの先生の気持ちが大事ですね、いつかAくんを出してあげたい、と日頃から思っていたんでしょうね、保育士ってこういう心とか目をもつことがとても大切なのです。そして友だちの力や、周りの大人の拍手がAくんを変えただけでなく、同時にAくんのお父さん、お母さんをも元気づけたのです。

　私たちは、人との関わり方に歪みをもつ子に気づいたとき、まず、はじめに何をしたらよいか、という問いに対する解答がわかってきたのです。それはその子と周りをよく見ること、そしてそれを記録することです。上に上げた例で考えてみましょう。Aくんが周りとの関わりを拒否していた原因として、まずお母さんのAくんに対する扱い方に問題がありました。お母さんはそれに気づいて改めました。でもそれだけではA君は友だちと一緒に何かをするまでにはならなかったでしょう。園では担任がAくんに何をしたらよいだろうと考え日頃の行動を心にとめて観察を続けました。Aくんが仲間から認められていないこと、Aくんに得意のわざがあることに気づいた担任は、お別れ会の機会をとらえ、まずAくんの絵をみんなの前で目立つ形で見せました。みんながはっとした雰囲気のなかでそっとAくんに話すことを促しました。あとはAくんと周りの関係を暖かく見守っていくだけです。

　この例を通して保育士の役割の第一歩が子どもを観察し、それを客観視することにあることが分かります。いくら愛情深くAくんを抱きしめても、仲良くしようねと友だちのなかに引き込んでも効果はないでしょう。何が問題で、何が行動を変える手がかりになるかを見通す力は、観察し考えることから生まれます。そのために記録を取りそれを分析し、なにを動かすことが出来るかを考えるのです。動かせるものをみつけようとするとき、私たちの行ってきた分析がお役にたつのではないでしょうか。

4．おわりにあたって
　岡先生、研究者の方々、保育園の仲間と始めた研究も10年の余がたちました。長いこと保育をしておりますと、いろいろの体験をいたします。この間私たちは、保育士

1人1人の体験を社会の中の一般的な子どもの発達と環境との関係のなかで見直し，それによって子どもをどのように変えていくかという保育の方向性を見いだすことに努めました。今まで各自がそれぞれ個人的，主観的，日常的に積み重ねた経験を今度は客観的に誰でもが使えるものにしようとしたのです。

　10年前との大きな変わり方の1つに，当初岡先生が危惧なさっていたような，青少年の犯罪が増えてきたことがあります。短絡的に人を殺してしまう若者，突然変わったわが子に恐れおののく親たち，歪みがお互いの手の届かないところにいかないうちにみんなで努力してより有効なかかわりを求めたいと思っております。

保育士心の発達研究会　森　玲子

発達臨床研究会
　岡　宏子を中心に聖心女子大学心理学科の卒業生有志が結成した研究会
　　大島葉子　大野澄子　加藤のぞみ　菊井真理　栗原尚子　比留間敦子　村田朱美　茂木真理

保育士心の発達研究会
　岡　宏子の連続講義を長年聴講した保育士の有志が自発的に結成した研究会
　　足立千嘉子　赤松かの子　石村直子　石黒清子　伊藤桃子　長田洋子　小野尹麻　桑原勢津子　鴻巣
　　萬里子　小島寿美代　是永睦子　斎藤靖子　佐藤佳代子　佐藤玉枝　新城信枝　武田律子　津谷信子
　　鶴田一女　鳥山せつ子　橋本芳子　保坂純子　宮城恵子　森玲子　山元絵津子

編集委員
　　大島葉子　大野澄子　茂木真理　森玲子

岡　宏子と考える保育の科学
理論と現場の循環のために

| 初版第 1 刷発行 | 2001 年 7 月 10 日Ⓒ |
| 初版第 2 刷発行 | 2003 年 3 月 10 日 |

　　　　編　者　発達臨床研究会
　　　　　　　　保育士心の発達研究会
　　　　発行者　堀江　洪
　　　　発行所　株式会社　新曜社
　　　　　　　　〒 101-0051　東京都千代田区神田神保町 2-10
　　　　　　　　電話(03)3264-4973（代）・Fax(03)3239-2958
　　　　　　　　e-mail info@shin-yo-sha.co.jp
　　　　　　　　URL http://www.shin-yo-sha.co.jp/

　　　印刷・製本　太洋社　　　　　　Printed in Japan
　　　　　　　　ISBN4-7885-0768-4 C1011

■新曜社の本

子どもの養育に心理学がいえること
発達と家族環境

H.R. シャファー
無藤隆・佐藤恵理子訳

A5判312頁
本体 2800円

子どもの養育について心理学が確実にいえることは何か，それはどのような根拠に基づいているか。最近の科学的研究の蓄積の上に確立された，信頼すべき見方と答えを整然と説く。

信頼感の発達心理学
思春期から老年期に至るまで

天貝由美子

A5判186頁
本体 3200円

信頼感とは何か，それはどのような条件下で発達し，あるいは不信へと転化，阻害されるのか。精緻に設計された調査とデータの綿密な分析によって，これらの重要な問いに実証的に答えた気鋭の研究。

保育のための発達心理学

藤﨑眞知代ほか

A5判224頁
本体 1900円

発達心理学を保育や家庭の現場に引っぱり出し，そこに日々発生する事件や問題を理解するための道具，理解を活かすための指針として使えるように説く。子どもの健やかな成長を助ける頼りがいあるテキスト。

思いやりを育む保育

平井信義・帆足英一編著

四六判256頁
本体 2200円

育むとは，保育者が自ら〈受容〉と〈共感〉の眼をもって自発的な思いやりの芽を見守りその成長を援助することである。平井先生を中心とする「思いやり」研究会15年にわたる保育と援助の実際例。

保育者のために

平井信義

四六判304頁
本体 1600円

知育主義・しつけ主義の風潮の中で，保育が子どもをスポイルしてはいないか。今保育が回復すべき最も大切な視点を，遊びやけんか，知識教育や行事など，保育の実際に即しながら説いた保育者へのメッセージ。

絵本の心理学
子どもの心を理解するために

佐々木宏子

四六判304頁
本体 2900円

絵本には子どもの心の成長，自己との対話や空想遊びが驚くほど的確に映し出されている。そこから心理学は何を学びとることが出来るか。挿絵多数，著者作成になる「絵本データベース」CD-ROM付。

悪戯文化論
わるガキの群像

小笠原浩方

四六判256頁
本体 2400円

子どもはなぜワルさをする？　その昔だれもが興じたイタズラの記憶を鮮やかに掘り起こしながら，「悪」の衝動がどれほど度しがたいか，まわりとの「戯」れがいかに大切かを説く。

表示価格は税を含みません。